Thematischer Grundwortschatz

Deutsch-Afghanisch/Dari

مهمترین کلمات عمومی دری و آلمانی

Thematisches Lern- und Nachschlagebuch

von

Noor Nazrabi

BAND 2

Afghanistik Verlag

Social Business Verlag

Kabul | Herat | Mazar | Kandahar | Hamburg

Bibliografische Information der Deutschen Nationalbibliothek
Die Deutsche Nationalbibliothek verzeichnet diese Publikation in der Deutschen Nationalbibliografie; detaillierte bibliografische Daten sind im Internet über http://dnb.d-nb.de abrufbar.

© 2016 Noor Nazrabi
Der Autor ist zu erreichen: *noor.nazrabi@afghanistikverlag.de*

Hinweise und Anregungen, für die wir jederzeit dankbar sind, richten Sie mit Seitenangaben und Band-Nummer an: *korrektur@afghanistikverlag.de*

Afghanistik Verlag - Social Business Verlag

Afghanistik Verlag Produktinfos und Shop: www.afghanistikverlag.de
E-Mail: info@afghanistikverlag.de

Umschlaggestaltung Noor Nazrabi
Satz Noor Nazrabi
Schriftart Quiroga Serif Pro, Annie BTN
Druck und Bindearbeit WIRmachenDRUCK GmbH, Backnang

Titelfoto Kufic Calligraphy, Flickr.com, Creative Commons-Lizenz © Seier + Seier
Rückseite Photo Kufic Calligraphy, Flickr.com, Creative Commons-Lizenz © Seier + Seier
Lektorat Deutsch Muska Haqiqat
Korrekturat Deutsch Baura Haqiqat
Lektorat Afghanisch/Dari Gulalai Nazrabi

Printed in Germany.
ISBN 978-3-945348-03-1

Der thematische Grundwortschatz bietet Ihnen in 11 Kapiteln, 75 Unterkapiteln und 90 Themenbereichen die Möglichkeit, Ihren Wortschatz systematisch und umfassend nach Themenbereichen zu erweitern.

Themen und Schwerpunkte

Die Auswahl der Themen in BAND 2 Grundwortschatz erleichtert den interessierten Leser, sich mit den wichtigsten Wörtern auseinanderzusetzen und sie gezielt für bestimmte Situationen einzusetzen.

Sichere und korrekte Aussprache

Die vereinfachte Lautschrift im Inhaltsverzeichnis und die phonetische Umschrift der Wörter hilft Ihnen bei der richtigen Aussprache der Vokabeln.

Redensarten und Volksweisheiten

Um nicht nur die Vokabeln zu lernen, wird der Leser zusätzlich mit den schönsten Redensarten in den jeweiligen Themenbereichen eingeführt. Die Redensarten veranschaulichen die Denk- und Lebensweisen der afghanischen Völker.

Dari und Deutsch - Register

Mit dem Deutsch - Dari und Dari - Deutsch Register kann der Leser gezielt nach Vokabeln nachschlagen, wo Sie die Bedeutung und Aussprache dazu finden.

Viel Spaß und Erfolg beim Dari Lernen!

Hamburg, Januar 2016

Noor Nazrabi

Persisch

Dari	Name	Umschrift	Dari	Deutsch
ا	Alef	â, o,a,e	âftâb	Sonne
ب	Be	b	bahâr	Frühling
پ	Pe	p	peschak	Katze
ت	Te	t	teket	Fahrkarte
ث	Se	s	sefid	weiß
ج	Dschim	dsch	dschâi	Ort
چ	Tsche	tsch	tscheschm	Auge
ح	He	h	hesâb	rechnen
خ	Khe	kh	khâna	Haus
د	Dâl	d	dâschtan	haben
ذ	Zâl	z	zâlem	Unterdrücker
ر	Re	r	rouba	Fuchs
ز	Ze	z	Zan	Frau
ژ	Jhe	je	jhâla	Hagel
س	Sin	s	sabez	grün
ش	Schin	sch	schotor	Kamel

Persisch Dari	Name	Umschrift	Dari	Deutsch
ص	Sâd	s	sobh	morgen
ض	Zâd	z	zarar	Schaden
ط	Tâ	t	tefl	Kind
ظ	Zâ	z	hâfeza	Gedächtnis
ع	Ayn	a,e,o	omid	Hoffnung
غ	Gyn	gh	gharib	arm
ف	Fe	f	famil	Familie
ق	Qâf	q	qadam	Schritt
ك	Kâf	k	kas	jemand
گ	Gâf	g	gul	Blume
ل	Lâm	l	lab	Lippen
م	Mim	m	mâdar	Mutter
ن	nun	n	nân	Brot
و	Wâw	Wâw	wazir	Wasir
ه	Wâw	h	hame	alle
ي	Jâ	i,j	yek	eins

(abszg.) abschätzig

(abwd.) abwertend

(ähnl.) ähnlich

(altprs.) altpersisch

(app.) Appell

(äq.) äquivalent

(arab.) arabisch

(auff.) auffordernd

(bed.) Bedeutung

(bekl.) Sprichw. beklagendes Sprichwort

(bes.) besonders

(bldspr.) bildungssprachlich

(blg. sprichw.) beiläufiges Sprichwort

(bosh. Sprichw.) boshaftes Sprichwort

(bwg.) beschwichtigend

(dgl.) dergleichen

(dicht.) dichterisch

(einschl.) einschließlich

(ermah.) ermahnend

(Erkl.) Erklärung

(erwidd.) erwidernd

(frdl.) freundschaftlich

(fam.) familiär

(gauspr.) Gaunersprache

(höfl.) Höflichkeitsform

(hist.) historisch

(geh.) gehoben

(humor.) humorisch

(iron.) ironisch

(jrg.) Jargon

(kinderspr.) Kindersprache

(Erz.) erzieherisch

(led.) ledigen

(landw.) landwirtschaftlich

(mahn.) mahnend

(mundartl.) mundartlich

(pers.) Persisch / Dari

(phil.) Philosophie / Lebenshaltung

(rel.) religiös

(rhetr.) rhetorisch

(slp.) salopp

(sark.) sarkastisch

(scherzh.) scherzhaft

(seufz. Wdg.) seufzende Wendung

(sonst.) sonstige

(Reli.) Religion

(spött.) spöttisch

(tröst.) tröstend

(übertr.) im übertragenen Sinn

(vera.) veraltet

(verw.) verwandt

(vgl.) Vergleich

(vulg.) vulgär

(Ugs.) umgangssprachlich

(usw.) und so weiter

(Umschr.) Umschrift

INHALTSVERZEICHNIS

INHALTSVERZEICHNIS

beschleunigen	schetâb dâdan	شتاب دادن
tun	andscham dâdan	انجام دادن
wehtun	darad kardan	درد کردن
erlauben	edschaza dâdan	اجازه دادن
verwenden	estefâda kardan	استفاده کردن
genehmigen	tâjied kardan	تایید کردن
ankommen	rasidan	رسیدن
feilschen	tschâna zadan	چانه زدن
beginnen	schru kardan	شروع کردن
vorwerfen	motahem kardan	متهم کردن
bluten	khun dâdan	خون دادن
segnen	barkat daadan	برکت دادن
erröten	sorkh schodan	سرخ شدن
sich schämen	khedschâlat kaschidan	خجالت کشیدن
bluffen	lâf zadan	لف زدان
springen	par zadan	پریدن
sich rühmen	dap kardan	دپ کردان
brechen	schekastan	شکستن
atmen	tanafos kardan	تنفس کردن
aufziehen	buzorg kardan	بزرگ کردن
bringen	âwardan	آوردن
kaufen	kharidan	خریدن
kalkulieren	mâseba kardan	محاسبه کردن
absagen	rad kardan	رد کردن

aufmerksam machen auf	*mehtawadscha kardan*	متوجه کردن
tragen	*bordan*	بردن
jagen	*schkâr kardan*	شکار کردن
betrügen	*fareb dâdan*	فریب دادن
verraten	*khiejânat kardan*	خیانت کردن
untersuchen	*âzmyâsch kardan*	آزمایش کردن
zerhacken	*teka teka kardan*	تکه تکه کردن
kauen	*dschwiedan*	جوئیدن
ersticken	*khafa kardan*	خفه کردن
vergleichen	*moqâisa kardan*	مقایسه کردن
konkurrieren	*reqaabat kardan*	رقابت کردن
verstecken	*pinhân kardan*	پنهان کردن
anvertrauen	*dard del kardan*	درد دل کردن
anvertrauen (Gegenstand)	*tschize ra ba kase supordan*	چیز را به کسی سپردن
bestätigen (amtlich)	*tasdiq kardan*	تصدیق کردن
gratulieren	*tabrik goftan*	تبریک گفتن
bestehen aus	*schâmla az(...) budan*	شامل از (...) بودن
fortfahren	*ba harakat edâma dâdan*	به حرکت ادامه دادن
fortsetzen	*edâma dâdan*	ادامه دادن
sich unterhalten	*sobat kardan*	صحبت کردن
zusammenarbeiten	*hâm kâri kardan*	همکاری کردن
begehren	*ârezo / tamanâ kardan*	آرزه / تمنا کردن
schaffen	*khaleq kardan*	خلق کردن
kriechen	*khazidan*	خزیدن
kreuzigen	*ba salib kaschidan*	به صلیب کشیدن

Deutsch	Transkription	فارسی
anbauen (Pflanzen)	*khâschtan*	کاشتن
heilen	*schâfa jâftan / schâfa daadan*	شفا دادن /شفایافتن
wagen	*dschora dâschtan*	جرائت کردن
entscheiden	*tasmim kardan*	تصمیم گرفتن
verkünden / deklarieren	*elân kardan*	اعلان کردن
schmücken	*zinat kardan*	زینت دادن
verteidigen	*defa kardan*	دفاع کردن
übergeben	*tahwil kardan*	تحویل دادن
würdig sein	*layeq dâschtan*	لایق داشتن
verschlingen	*balidan*	بلعیدن
unterscheiden	*farq dâschtan*	فرق داشتن
graben	*kandan*	کندن
speisen	*gheza khordan / nân*	نان / غذا خوردن
verschwenden	*nâbud kardan*	نابود کردن
Kraft nehmen	*qhuwat greftan*	قوت گرفتن
entmutigen	*delsard kardan*	دلسرد کردن
missachten	*be etharâmi kardan*	بی احترامی کردن
ertrinken	*gharq schodan*	غرق شدن
verdienen	*dar âmad dâschtan*	در آمد داشتن
redigieren	*warâesch kardan*	ویرایش کردن
betonen	*tâkied kardan*	تاکید کردن
ermutigen	*taschwiq kardan*	تشویق کردن
aushalten	*tâlqhat dschâstan*	طاقت داشتن
ertragen	*tahmol kardan*	تحمل کردن
dulden	*saber kardan*	صبر کردن

anvertrauen (Geheimnis)	râz ra ba kas guftan	راز را با کس گفتن
glätten	hamwâr kardan	هموار کردن
Geld ausgeben	khardsch pul kardan	پول خرج کردن
verlängern	tamdid kardan	تمدید کردن
versagen	nâkam mandan	ناکام ماندن
ausdrücken	bayân kardan	بیان کردن
reparieren	tayâr kardan	تعمیر کردن
fliehen	gorekhtan	گریختن
folgen	dumbâl kardan	دنبال کردن
vorhersagen	pesch-bini kardan	پیش بینی کردن
prophezeien	peschgui kardan	پیشگویی کردن
vergessen	farâmosch kardan	فراموش کردن
aufstehen	barkhâstan	برخاستن
erheben, sich	bâlâ kardan	بالا بردن
glorifizieren	tadschliel kardan	تجلیل کردن
wachsen	ruschid kardan	رشد کردن
hämmern	tschkhosch zadan	چکش زدن
hassen	nefrat dâschtan	نفرت داشتن
vermieten	kerâya greftan	کرایه دادن
schlagen	zadan	زدن
ehren	ehterâm kardan	احترام کردن
eilen	adschala kardan	عجله کردن
stillen	tschup kardan	آرام کردن
ignorieren	nâdieda greftan	نادیده گرفتن
vorstellen (Person)	moarefi kardan	معرفی کردن

nachahmen	taqlied kardan	تقلید کردن
importieren	warid kardan	وارد کردن
verbessern	eslâh kardan	اصلاح کردن
beharren	pâ feschâri kardan	پافشاری کردن
beabsichtigen	qasd kardan	قصد کردن
einmischen, sich	modâkhela kardan	مخلوط کردن
unterbrechen	qatat kardan	قطع کردن
verängstigen	tarsândan	ترساندن
vorstellen	mâorefi kardan	معرفی کردن
einladen	dawât kardan	دعوت کردن
sich aufregen	asbâni schodan	عصبانی شدن
erschüttern	takân dâdan	تکان دادن
knien	zânu zadan	زانو زدن
wissen	dânestan	دانستن
lernen	âmokhtan	آموختن
auswendig lernen	az jad / hafez kardan	حفظ/ از یاد کردن
erlauben	edschaza dâdan	اجازه دادن
kennen lernen	âschna schodan	آشنا شدن
befreien	âzâd kardan	آزاد کردن
begrenzen	mahdud kardan	محدود کردن
verwalten	edâra kardan	اداره کردن
dirigieren	hedâjat kardan	هدایت کردن
marschieren	marsch kardan	مارش کردن
intervenieren	dekhâlat kardan	دخالت کردن

verspotten	maskhara kardan	مسخره کردن
sich bewegen	harakat kardan	حرکت کردن
ernten	hasl bardaschastan	حاصل برداشتن
erzählen	qesa kardan	قصه کردن
gehorchen	eta at kardan	اطاعت کردن
passieren	rokh dâdan	رخ دادن
geschehen	wâqeh schodan	واقع شدن
unterdrücken	taht feschâr auwardan	تحت فشار آوردان
unterdrücken	zolm kardan	ظلم کردن
versehen	khalat kardan	خطا کردن
überreden	qâne kardan	قانع کردن
plädieren	dâkhâhi kardan	داد خواهی کردن
schmeißen	andâkhtan	انداختن
üben	tamrien	تمرین کردن
loben	setâyesch kardan	ستایش کردن
beten	namâz khandan	نماز خواندن
fortschreiten	pesch raftan	پیش رفتن
hellsehen	fâl didan	فال دیدن
bevorzugen	tardscha kardan	ترجیح کردن
verschreiben	nokhsa dâdan	نسخه دادن
bewahren	hefazat kardan	حفاظت کردن
pressen	feshâr dâdan	فشار دادن
verhindern	mâne schodan	مانع شدن
stechen	ferour kardan / nesch zadan	فرو کردن / نیش زدن

verbieten	*mana kardan*	ممنوع کردن
aussprechen	*talafoz kardan*	تلفظ کردن
Erfolg haben	*peschraft daschtan*	پیشرفت داشتن
protestieren	*etrâz kardan*	اعتراض کردن
beweisen	*sâbat kardan*	ثبات کردن
bereitstellen	*âmada kardan*	آماده کردن
publizieren	*nascher dâdan*	نشر دادن
drucken	*tschâp kardan*	چاپ کردن
bestrafen	*modschazârat kardan*	مجازات کردن
verfolgen (strafrechtlich)	*taqib kardan*	تعقیب کردن
schieben	*tela kardan*	تیله کردن
fragen	*sowâl kardan*	سئوال کردن
fortschreiten	*taraqi kardan*	پیشرفت کردن
realisieren	*amali kardan*	عملی کردن
verhandeln	*mohâmâla kardan*	معامله کردن
erinnern	*ab jâd âuwardan*	به یاد آوردن
In Erinnerung rufen	*ba khatera auwardan*	به خاطر آوردن
wiedererkennen	*dubâra schenâkhtan*	دوباره شناختن
empfehlen	*sefâresch kardan*	سفارش کردن
empfehlen	*tousa kardan*	توصیه کردن
widerhallen	*(sada) enekâs kardan*	انعکاس کردن (صدا)
proben	*tekrâr kardan*	تکرار کردن
erholen	*esterâhat kardan*	استراحت کردن
freilassen	*rehâ kardan*	رها کردن

vertrauen gewinnen	*etemad dschalb kardan*	اعتماد جلب کردن
verbleiben	*bâqi mandan*	با قی ماندن
erneuern	*nau kardân*	نو کردن
verzichten	*enkâr kardan*	انکار کردن
bereuen	*peschimân schodan*	پشیمان شدن
ersetzen	*dschâi neschin kardan*	جانشین کردن
repräsentieren	*nomâyendagi kardan*	نمایندگی کردن
begnadigen	*afwu kardan*	عفو کردن
verzeihen	*bakhschiedan*	بخشیدن
wiederherstellen	*baz sâzi kardan*	بازسازی کردن
beschränken	*mahdud kardan*	محدود کردن
zurückziehen	*agab khaschiedan*	عقب کشیدن
offenbaren	*aschkâr kardan*	آشکار کردن
rächen	*enteqâm greftan*	انتقام گرفتن
korrigieren	*eslâh kardan*	اصلاح کردن
revoltieren	*schuresch kardan*	شورش کردن
braten	*byrân kardan*	بریان کردن
rauben	*rabudan*	ربودن
drehen	*tscharkhiedan*	چرخاندن
reiben	*mâlidan*	مالیدن
retten	*nedschât dâdan*	نجات دادن
zufriedenstellen	*râzi kardan*	راضی کردن
schimpfen	*dschnâm dâdan*	دشنام دادن
erniedrigen	*touhien kardan*	توهین کردن
kratzen	*khâridan*	خراشیدن

suchen	*deschto dschu kardan*	جستجو کردن
streben nach	*pâlidan*	پالیدن
beschlagnahmen	*zabt kardan*	ضبط کردن
wählen	*entekhâb kardan*	انتخاب کردن
dienen	*khedmat kardan*	خدمت کردن
nähen	*dokhtan*	دوختن
teilen	*taqsim kardan*	تقسیم کردن
schärfen	*tiz kardan*	تیز کردن
rasieren	*(resch) tarschidan*	ترشیدن (ریش)
schreien	*farjâd zadan*	فریاد زدن
sichten	*tamâschâ kardan*	تماشا کردن
vereinfachen	*âsân kardan*	آسان کردن
singen	*âwaz khandan*	آواز خواندن
sitzen	*neschestan*	نشستن
schmuggeln	*qâtschâq borden*	قاچاق بردن
lösen	*hal kardan*	حل کردن
spezifizieren / konkretisieren	*moschakas kardan*	مشخص کردن
spekulieren	*ândischidan*	اندیشیدن
verschütten	*rekhtan*	ریختن
spalten	*az ham dsch-dâ kardan*	از هم جدا کردن
klauen	*dozididan*	دزدیدن
streben	*tâlasch kardan*	تلاش کردن
subtrahieren	*manfi kardan*	منفی کردن
gelingen	*kâmiyâb budan*	کامیاب بودن
leiden	*randsch burdan*	رنج بردن

vorschlagen	peschnehâd kardan	پیشنهاد کردن
berufen	sadâ kardan	صدا کردن
aufrechterhalten	hemat kardan	همت کردن
symbolisieren	neschâni kardan	نشانی کردن
lehren	dars dâdan	درس دادن
verführen	wasâs kardan	وسوسه کردن
tendieren	motamâel bodan	متمایل بودن
bezeugen	schâjad dâdan	شهادت دادن
fördern	hamâjat kardan	حمایت کردن
drohen	tahdid kardan	تهدید کردن
aufwecken	bedâr kardan	بیدار کردن
werfen	andâkhtan	انداختن
kitzeln	qet, qetak dâdan	قت ، قتگ دادن
berühren	lamâs kardan	لمس کردن
abschreiben	(madrasa)naqel kardan	نقل کردن (مدرسه)
verändern	taqhire schakel dâdan	تغییر شکل دادن
übersetzen	tardschoma kardan	ترجمه کردن
ausführen	edschâra kardan	اجرا کردن
zwinkern	tschemsch-mak zadan	چشمک زدن
auspacken (öffnen)	bâz kardan	باز کردن
ausladen	khâli kardan	خالی کردن
verwenden	estefâda kardan	استفاده کردن
drängen	taht feschar qarar dada	تحت فشار قرار دادن
verschwinden	gom schodan	گم شدن
verstoßen (gegen Gesetz)	(qanoun) takhalof kardan	خلاف کردن (قانون)

KAPITEL 1

ALLGEMEINE BEGRIFFLICHKEITEN UND ANGABEN

1.1 Länge, Umfang und Größe

سر پشقل سوار شدن، و کشمیر را دیدن.

Sar pischqell sawâr schodan, wa Kaschmir ra didan.

[Auf dem Kuhdung reiten, um Kaschmir anschauen zu wollen.]

(sarkastisch) Die sarkastische Redensart bezieht sich auf Menschen, die stark an Selbstüberschätzung leiden. Die Redensart offenbart, dass jemand nutzloses, minderwertiges Gut hat und damit glaubt, etwas größeres aufzubauen oder zu unternehmen.Hierfür wird Kuhdung verwendet.

Breite, die	*hariz*	عرض
Entfernung, die	*fâsela*	فاصله
Fläche, die	*sath*	سطح
Gewicht, das	*wazn*	وزن
Größe (Umfang), die	*washat*	وسعت
Größe, die (Höhe)	*qad*	قد
Höhe, die	*belândi*	بلندی
Länge, die	*toul*	طول
Maß, das	*ândâza*	اندازه
Menge, die	*maqhdâr*	مقدار
Summe, die	*dschm*	جمع
Volumen, das	*hadschom*	حجم
Zahl, die	*tahdied*	تعداد
Prozent, das	*fiesad*	فیصد
Teil, das	*qesmat*	قسمت
prozentual adj.	*fiesadi*	فیصدی
Fülle, die	*pori*	پری
Höhepunkt, der	*noqta âudsch*	نقطه اوج
Dutzend, das	*dardschan*	درجن
Stück, das	*dâna*	دانه
Hektar, der + das	*hektâr*	هکتار
Quadrat, der	*muraba*	مربع
Kilogramm, das	*kielugram*	کیلوگرام

طول، وسعت و قد

1. 2 Himmelsrichtungen und Jahreszeiten

زمستان تیر میشه، روی سیاهی به زغال میمانه.

Zemestân tir mischa, ruie siyâh ba zoqhâl meh-mâmah.

[Der Winter vergeht, das schwarze verkohlte Gesicht (verlorenes Gesicht) bleibt.]

(Philosophie/Lebenshaltung) Schlechte Zeiten, Umstände und Notlagen vergehen, unvergesslich bleiben die Namen und Gesichter derjenigen die Tatenlos bei der Not der anderen zugesehen haben.

Jahreszeit, die	*fasl sâl*	فصل سال
Frühling, der	*bahâr*	بهار
Winter, der	*zemestân*	زمستان
winterlich adj.	*zemestâni*	زمستانی
Sommer, der	*tâbestân*	تابستان
Herbst, der	*khazân*	خزان
Himmelsrichtung, die	*dschât âsli*	جهات اصلی
Norden, der	*schamâl*	شمال
nördlich adj.	*schamâli*	شمالی
Süden, der	*dschonub*	جنوب
südlich adj.	*dschonubi*	جنوبی
Südosten, der	*dschonub scharq*	جنوب شرق
Südwesten, der	*dschonub gharb*	جنوب غرب
Westen, der	*gharb*	غرب
westlich adj.	*gharbi*	غربی
Osten, der	*scharq*	شرق
östlich adj.	*scharqi*	شرقی

جهات اصلی و چهار فصل سال

1.3 Farben

گاو را پوست کرده، به دمش رسانده.

Hâdschi ke az hâdsch bargascht mar bud aschdâr gascht.

[Die Kuh, nur bis zu ihren Schwanz enthäuten.]

(auffordernd) 1. Dinge nicht unvollständig liegen lassen.

2. Auch als auffordernde Redensart eingesetzt: Dinge anzufangen und komplett zu beenden.

Deutsch	Transkription	فارسی
Farbe, die	*rang*	رنگ
rot adj.	*sorkh*	سرخ
gelb adj.	*zard*	زرد
dunkel adj.	*tariek*	تاریک
hell adj.	*roschan*	روشن
orange adj.	*nârendschi*	نارنجی
silber adj.	*noqraji*	نقره ای
violett adj.	*benafsch*	بنفش کمرنگ
golden adj.	*telâji*	طلایی
weiss adj.	*safid*	سفید
schwarz adj.	*sijâh*	سیاه
blau adj.	*âbi*	آبی
grün adj.	*sabz*	سبز
rosa-rot adj.	*golâbi*	گلابی
grau adj.	*khâkestari*	خاکستری
dunkelblau adj.	*sourmaji*	سورمه ای
pistaziengrün adj.	*sabz-e pestâi*	سبز پسته ای
himmelblau adj.	*âbi âsmâni*	آبی آسمانی
bunt adj.	*rangâ rang*	رنگارنگ
sandfarben (beige) adj.	*zard-e schiri*	زرد شیری
blass adj.	*kam rang*	کمرنگ
türkis adj.	*firuzajâi*	فیروزه ای
abfärben adj.	*rang dâdan*	رنگ دادن
glänzend	*dschalâdar*	جاله دار

1.4 Formen

کاسه ی چینی که صدا می کند خود صفت خویش ادا میکند.

Kâsa-e tschini ke sedâ mehk-una, khud sefat khiesch adâ meh-kuna.

[Wenn die Porzellanschüssel erklingt, offenbart sich ihre Eigenschaft.]

(salopp) Durch Handeln, Taten und Ergebnissen offenbaren/beweisen Personen
und Gegenstände deren Eigenschaften und Qualitäten.

Deutsch	Transkription	Farsi
Form, die	*schakl*	شکل
Gestalt, die	*zâher*	ظاهر
Kreis, der	*dâira*	دایره
rund adj.	*gerd*	گرد
Linie, die	*khat*	خط
Quadrat, das	*mouraba*	مربع
Bogen, der	*kamân*	کومان
Rechteck, das	*mastasiel*	مستطیل
Dreieck, das	*musalass*	مثلث
Kante, die	*kenâra*	کناره
waagerecht adj.	*âfaqi*	افقی
senkrecht adj.	*humodi*	عمودی
Ecke, die	*goscha*	گوشه
schmal adj.	*bârik*	باریک
gerade adj.	*mostaqiem*	مستقیم
Halbkreis, der	*niehm dâira*	نیم‌دایره
schief adj.	*kadsch*	کج
formlos adj.	*bedoun schakl*	بدون شکل
oval adj.	*bahzai schakl*	بیضی شکل
parallel adj.	*mauâzi*	موازی
Punkt, der	*noqta*	نقطه
Winkel, der	*zâuja*	زاویه
gerade adj.	*râst*	راست

شکل

1.5 Kardinalzahlen

عقل به سراس، نه به سال.

Âqal ba sar as,t na ba sâl.

[Der Verstand hängt von der Reife ab und nicht vom Alter.]

(umgangssprachlich) Das Alter allein macht den Menschen nicht reifer, sondern die Erfahrung und die Bereitschaft, daraus zu lernen.

اعداد اصلی

0	٠	sefr	صفر
1	١	jak	یک
2	٢	du	دو
3	٣	se	سه
4	۴	tschahâr	چهار
5	۵	pandsch	پنج
6	۶	schisch	شش
7	٧	haft	هفت
8	٨	hascht	هشت
9	٩	noh	نه
10	١٠	dah	ده
11	١١	jâzdah	یازده
12	١٢	dawâzdah	دوازده
13	١٣	siezdah	سیزده
14	١۴	tschahârdah	چهارده
15	١۵	pânzdah	پانزده
16	١۶	schânzdah	شانزده
17	١٧	haftdah	هفده
18	١٨	hadschdah	هجده
19	١٩	nuzdah	نوزده
20	٢٠	biest	بیست
21	٢١	biest - o - jak	بیست و یک
22	٢٢	biest - o - du	بیست و دو

1. 6 Ordinalzahlen

یار نیک را در روز بد شناخت.

Yâr nek ra dar ruz bad schenâkht.

[Einen ehrbaren (redlichen) Freund lernt man an einem schlechten Tag kennen.]

(Philosophie/Lebenshaltung) Schlechte Tage und Notlagen stellen Freundschaften auf die Probe. Einfühlsame Freunde leisten Ihren Dienst und erweisen sich als wahre Freunde.

Erste/r	*awal*	اول
Zweite/r	*duwom*	دوم
Dritte/r	*sewom*	سوم
vierte/r	*tschahârum*	چهارم
fünftens	*pandschom*	پنجم
sechstens	*schischom*	ششم
siebtens	*haftom*	هفتم
achtens	*haschtom*	هشتم
neuntens	*nohom*	نهم
zehntens	*dahom*	دهم
Kardinalzahl, die	*hadad âzahli*	عدد اصلی
ein halb	*nefs*	نصف
ein Drittel	*jak- e bar se*	یک بر سه
ein Viertel	*jak-e bar tschahâr*	یک بر چهار
ein Fünftel	*jak-e bar pandsch*	یک بر پنج
ein Sechstel	*jak-e bar schisch*	یک بر شش
ein Siebtel	*jak-e bar haft*	یک بر هفت
ein Achtel	*jak-e bar hascht*	یک بر هشت
ein Neuntel	*jak-e bar noh*	یک بر نه
ein Zehntel	*jak-e bar da*	یک بر ده
mehr als	*beschtar az*	بیشتر از
weniger als	*kamtar az*	کمتر از
Hälfte, die	*niem*	نیمه

عدد ترتیبی

1. 7 Wochentage

هر روز، با میمنت خود میآید.

Har ruz, ba maiminat khud meh-âyad.

[Jeder Tag bringt Fröhlichkeit mit sich.]

(Philosophie/Lebenshaltung) Jeder Tag bringt neuen Lebensmut mit sich.

Samstag, der	*schambe*	شنبه
Sonntag, der	*jak - schambe*	یکشنبه
Montag, der	*du - schambe*	دوشنبه
Dienstag, der	*Se -schambe*	سه شنبه
Mittwoch, der	*tschahâr -schambe*	چهارشنبه
Donnerstag, der	*pandsch - schambe*	پنج شنبه
Freitag, der	*dschoma*	جمعه
heute	*emruz*	امروز
Morgen, der	*fardâ*	فردا
Tag, der	*ruz*	روز
Nacht, die	*schab*	شب
Gestern	*diruz*	دیروز
Werktag, der	*ruz kâri*	روز کاری
Datum, das	*târikh*	تاریخ
Woche, die	*hafta*	هفته
Anfang, der	*âghâz*	آغاز
Ende, das	*âkher*	آخر
wöchentlich adj.	*har hafta*	هر هفته
täglich adj.	*har ruz*	هر روز
Nächste Woche, die	*digar hafta*	دیگر هفته
nächtlich / abends	*schabâna*	شبانه
jeden Tag	*har ruz*	هر روز
jede Nacht	*har schab*	هر شب

1. 8 Zeiteinteilung

سال بد می رود، نام بد می ماند.

Sâl bad me rawâd, nâm bad meh-manad.

[Schlechte Jahre vergehen. Ein schlechter Ruf bleibt.]

(gehoben) In Zeiten der Not wird jeder geprüft. Besonders dann sind Tugend, edle Eigenschaften gefragt. Dann zeigen sich die wahren Seiten.

Deutsch	Umschrift	Persisch
Jahrhundert, das	*qarn*	قرن
Jahrtausend, das	*hazâra*	هزاره
Jahrzehnt, das	*daha*	دهه
jährlich adj.	*sâlana*	سالانه
Jahr, das	*sâl*	سال
dieses Jahr	*em-sâl*	امسال
nächstes Jahr	*sâl âyneda*	سال آینده
Von Jahr zu Jahr	*sâl ba sâl*	سال به سال
Jahresende, das	*âkher sâl*	آخر سال
Kalender, der	*dschantari*	جنتری
Monate, die	*mâh*	ماه
monatlich adj.	*mâhânah*	ماهانه
Generation, die	*nasl*	نسل
Ära die	*esr*	عصر
Zyklus, der	*gardsch*	گردش
Epoche, die	*(târiekh)daurân*	دوران (تاریخ)
Phase, die	*marhâla*	مرحله
Zeitraum, der	*mohdad zâman*	مدت زمان
zur Zeit	*ham âknun*	هم‌اکنون

وقت و تقسیمات آن

1. ALLGEMEINE BEGRIFFLICHKEITEN UND ANGABEN

1. 9 Tages- und Uhrzeiten

قصاب قصابی میکند، کل بچه روز خوده گم مکنه.

Qasâb qasâbi meh-kunad, kal batscha ruz khoda gom mekuna.

[Während der Metzger weiter schlachtet, vertreibt sich sein Lehrling sinnlos den Tag.]

(ermahnend) Die Redewendung wird eingesetzt, um jemanden darauf hinzuweisen, dass
andere ihrer Arbeit nachgehen ,während er seine Zeit vertrödelt.

Morgen ,der	*sobh*	صبح
Mittag, der	*nemruz*	نیمروز
Nachmittag, der	*bad az zahr*	بعد از ظهر
Abend, der	*schab / schâom*	شام / شب
späte Abend, der	*nâwaqt schab*	نا وقت شب
tagsüber adj.	*dar dschrjân ruz*	در جریان روز
Nacht, die	*schab*	شب
morgen Abend	*fardâ schab / sahba*	صبح / فردا شب
gestern Abend	*dischab*	دیشب
heute Abend	*amischab*	امشب
morgen Abend	*fardâ schab*	فردا شب
Mitternacht, die	*nemschab*	نیمه شب
später	*pasântar*	پسانتر
Sonnenaufgang, der	*tolo-e âftab*	طلوع آفتاب
Morgendämmerung, die	*sahar*	سحر
Stunde. die	*zahat*	ساعت
Minute, die	*daqiqa*	دقیقه
Sekunde, die	*sânja*	ثانیه
Viertelstunde, die	*rabe zahat*	ربع ساعت
später	*na-waqt*	نا وقت
Uhr, die	*zahat*	ساعت
übermorgen	*pas fardâ*	پس‌فردا
morgens	*sobhâna*	صبح‌ها

1. 10 Monate

یک مرد جنگی به از صد هزار.

Yak mard dschangi be az sad hezur.

[(Lieber) ein Tapferer Krieger als tausende Feiglinge.]

(volkssprachlich) Tapferkeit und Courage sind edle und seltene Eigenschaften.
Feigenheit und Verantwortungslosigkeit dagegen sind verwerflich aber weitverbereitet.

21. März bis 20. April	*hamal*	حمل
21. April bis 21. Mai	*sour*	ثور
22. Mai bis 21. Juni	*dschuzâ*	جوزا
22. Juni bis 22. Juli	*saratān*	سرطان
23.Juli bis 22. August	*asad*	اسد
23. September bis 22. Oktober	*mizān*	میزان
23. Oktober bis 21. November	*aģrab*	عقرب
22. November bis 21. Dezember	*ģaous*	قوس
22. Dezember bis 20 Jaunuar	*dschdi*	جدی
21. Jänner bis 19. Februar	*dalwa*	دلو
20. Februar bis 19. März	*hout*	حوت

KAPITEL 2

KOMMUNIKATIONSAUSTAUSCH

2.1 Soziale Netzwerke (Facebook) Deutsch - Persisch

Deutsch	Transkription	Persisch
Soziale Netzwerk, das	schabaka edschtomâi	شبکه اجتماعی
Email oder Telefon, die, das	Emeil ja telefoon	ایمیل یا تلفن
Anmeldung, die	nâm nausi	نام‌نویسی
anmelden adj.	wahred (sabt nâm kardan)	ثبات نام کردن(ورود)
Freundschaftseinladung, die	darkâst dosti	درخواست دوستی
Hauptseite, die	safe âsli	صفحه اصلی
Neue Nachricht, die	pâyam dschdid	پیام جدید
suchen adj.	deschtu- dscho kardan	جستجو کردن
mehr	beschtar	بیشتر
Nachricht, die	pâyam	پیام
über	darbâra	درباره
Arbeit und Ausbildung, die	kâr wa tasilât	کار و تحصیلات
Orte, an denen du gelebt hast, die	dschâi khe zendagi kardajad	جاهای که زندگی کرده‌اید
Kontaktinformationen und allgemeine Infos, die	etelhât e pâya wa tamâs	اطلاعات پایه و تماس
Familie und Beziehung, die	khânawada wa rauwâbet	خانواده و روابط
Details über dich, die	dschozjat dar bâre khodetân	جزئیاتی درباره خودتان
Lebensereignis, das	raudiedâi zendagi	رویدادهای زندگی
Freunde, die	dostân	دوستان
Alle Freunde	hama dostân	همه دوستان
Neue hinzugefügt	ba tâzagi âfzurda schoda	به تازگی افزوده شده
Bilder, die	haksâ	عکس‌ها
Album, das	âlbum	آلبوم‌ها
Rezension, die	nazrât	نظرات
Aktivitätenübersicht, die	guzâresch fahljat	گزارش فعالیت
Posten, das	post	پست
Ihre Seiten	safa hâi schoma	صفحه‌های شما
Freunde suchen!	deschtu- dschu dostân	جستجوی دوستان
Leute die du vielleicht kennst	kasâni khe schâjad beschnesid	کسانی که شاید بشناسید

شبکه اجتماعی (فیس‌بوک)

2.2 Computer

دیوار موش دارد، موشم هم گوش دارد.

Diwar moush darad, mousch ham gosch darad.

[Die Wände haben Mäuse und die Mäuse haben Ohren.]

(rhetorisch) Die Redensart wird eingesetzt, um Gesprächspartner auf
Vertraulichkeit und Brisanz einer Information hinzuweisen.

Tastatur, die	*safa kiled*	صفحه کلید
Daten, die	*etelhât*	اطلاعات
löschen	*pak kardan*	پاک کردن
Speicher, der	*hâfeza komputer*	حافظه کامپیوتر
editieren	*waurâesch*	ویرایش
Drucker, der	*tschâp kar*	چاپگر
Rechner, der	*komputer*	کامپیوتر
Computerkenntnis, die	*âschnai ba kamputer*	آشنایی با کامپیوتر
Textverarbeitung, die	*pardâzesch matn*	پردازش متن
Markieren, das	*alâmat gozari kardan*	علامت‌گذاری کردن
Programmieren, das	*barnâma nausi kardan*	برنامه نویسی کردن
Zugang, der	*dastrasi*	دسترسی
Konfiguration, die	*paigir bandi*	پیکر بندی
Bildschirm, der	*mounietor*	مونیتور
Hardware, die	*sakht âfzrâr*	سخت افزار
Laptop, der	*lapthup*	لپ تاپ
Software, die	*narm âfzrâr*	نرم‌افزار
Einschalten, das	*ruschan kardan*	روشن کردن
Ausschalten, das	*kâmosch kardan*	خاموش کردن
Installieren, das	*nasib kardan*	نصب کردن
Installation, die	*nasib*	نصب
Tippen, das	*tâip kardan*	تایپ کردن

KAPITEL 3

GESELLSCHAFT
UND
POLITIK

3.1 Außenpolitik und Internationale Beziehungen

آب خت کدن، ماهی گرفتن.

Âb kheat kadan, mâhi greftan.

[Trübe das Wasser und fange dann die Fische.]

(politisch /historisch/ im Übertragene Sinn.) Politische bzw. Militärische Strategie:
Verwirre deine Feinde, schaffe Ablenkung, verwirre sie mit politischen Manövern
und erreiche so deine Ziele.

Deutsch	Transkription	Persisch
Außenpolitik, die	*syâsat khardschi*	سیاست خارجی
Botschaft, die	*sefârat*	سفارت
Botschafter, der	*safir*	سفیر
Diplomat, der	*dieplomât*	دیپلمات
Arabische Liga, die	*etehâdiya kheschwar arabi*	اتحادیه کشورهای عرب
Organisation der islamischen Konferenz,die	*sâzmân hamkâri eslami*	سازمان همکاری اسلامی
Europäische Union, die	*etehâdiya auroupâ*	اتحادیه اروپا
Handelsbeziehung, die	*râhbita tschârati*	رابطه تجارتی
Weltbank, die	*bânk dschâhni*	بانک جهانی
Allianz, die	*ateâd*	اتحاد
Bündnis, das	*paimân*	پیمان
souverän adj.	*mustaqell*	مستقل
Generalsekretär, der	*dabier koll*	دبیر کل
Vereinten Nationen, die	*sâz-e mân melal mehtehâd*	سازمان ملل متحد
Vollversammlung, die	*Dschalsa homumi*	جلسه عمومی
Sicherheitsrat, der	*schorâri âminjat*	شورای امنیت
Internationale Konferenz, die	*konferanz beinolmelâli*	کنفرانس‌های بین‌المللی
Humanitäre Hilfe, die	*komamkhai âsanan dostâni*	کمک‌های انسان دوستانه
Mitgliedsstaat, der	*kheschwar ozwe*	کشور عضو
Kulturattaché, die	*wâhbasta farhangi*	وابسته فرهنگی
Militärattaché, die	*wâhbasta nazâmi*	وابسته نظامی
ökonomische Beziehung, die	*râhbita eghtesâdi*	رابطه اقتصادی

سیاست خارجی و روابط بین الملل

3.2 Wahlen

دنیا خانه اختیار است.

Donjâ khâna ekhtâr ast.

[Die Welt ist ein Haus der Optionen.]

(bildungssprachlich) 1. Jeder hat die Möglichkeit Dinge zu tun und zu unterlassen.
2. (religiös) Im Diesseits tragen die Menschen die Verantwortung für das Gute und Böse.
Wer der Verantwortung nach religiösen Maßstäben gerecht wird, der wird mit dem Paradies
beschenkt.

Deutsch	Transkription	فارسی
Präsidentschaftswahl, die	*entekhâbat rejes daschmur*	انتخابات رئیس‌جمهور
Parlamentswahl, die	*entekhâbat madschles nomâiendgan*	انتخابات مجلس نمایندگان
Stichwahl, die	*entekhâbat naheyi*	انتخابات نهایی (میان دو)
Minderheit, die	*aqaliyat*	نامزد / اقلیت
Stimme, die	*râi*	رای
wählen	*entekhâb kardan*	انتخاب کردن
Mehrheit, die	*aksaryat*	اکثریت
Amtszeit, die	*daurân khedmat*	دوران خدمت
Wahlkommission, die	*kommision entekhâbat*	کمیسیون انتخابات
Fälschung, die	*taqalub*	تقلب
Beschwerdekommission, die	*kommision schekâyât entekhâbat*	کمیسیون شکایت انتخابات
Beobachter, der	*nâzer*	ناظر
internationale Beobachter, der	*nâzer beinolmelâli*	ناظر بین‌المللی
Wahllokal, das	*mehal râigieri*	محل رای‌گیری
Wahlrecht, das	*hag râi*	حق رای
Wahlkandidat, der	*nāmzad entekhâbati*	نامزد انتخاباتی
Kandidat, der	*nāmzad*	نامزد
Prognose, die	*peschbini*	پیش‌بینی
Parteimitglied, der	*ozwe hesib*	عضو حزب
Registrierung, die	*sabt nām*	ثبت نام

3.3 Frieden

اگر قدر می خواهی، قدر بشناس.

Agar qader meh-khâh, qader beschnâs.

[Wenn du Ehrenvoll behandelt werden möchtest.]
so erkenne die Ehre und Würde des anderen an.]

(Philosophie/erzieherisch) Wer andere mit Stolz und Würde behandelt,
der wird von ihnen entsprechend behandelt.

Deutsch	Umschrift	فارسی
Verhandlung, die	*mohzâkra kardan*	مذاکره کردن
entwaffnen	*khale sâlah kardan*	خلع سلاح کردن
Gesandte, der	*ferestâda*	فرستاده
Frieden, der	*sohl*	صلح
friedlich	*sohl dschu*	صلحجو
Versöhnung, die	*âschti*	آشتی
Zivilgesellschaft, die	*dschâma madani*	جامعه مدنی
Afghanische Rothalbmond, der	*dschamjat haliel âhmur*	جمعیت هلال احمر
Konflikt, der	*kaschmakasch*	کشمکش
Vereinten Nationen, die	*sâz-e mân melal mehtehâd*	سازمان ملل متحد
Solidarität, die	*hambastagi*	همبستگی
Selbstbestimmungsrecht, das	*hagh tasmiem geri*	حق تصمیم گیری
Waffenstillstand, der	*âtaschbas*	آتش‌بس
Ideologie, die	*edolujschi*	ایدئولوژی / مسلک
Front, die	*dschaba*	جبهه
Boykott, der	*qaze râhbeta*	قطع رابطه
Sonderbotschafter, der	*ferestâda wieja*	فرستاده ویژه
Wettrüsten, das	*musâbeqa taslahti*	مسابقه تسلیحاتی
Wirtschaftsembargo, das	*tariem eghtesâdi*	تحریم اقتصادی
boykottieren	*qaze râhbeta kardan*	قطع رابطه کردن
Handelsembargo, das	*tariem tedschari*	تحریم تجاری
Entwaffnung, die	*khale sâlah*	خلع سلاح
Streitbeilegung, die	*hâl akhtelâf*	حل اختلاف

3.4 Militär und Krieg

جنگ اول بی از صلح آخر.

Dschang awal be âz solh âkher.

[Lieber anfänglich Frieden schließen als auf das letzte Friedensangebot zu warten.]

(warnend) Lieber gleich mit offenen Karten spielen,
als ewig auf den Frieden und die Einigung zu warten.

اردو و جنگ

Deutsch	Transkription	Persisch
Luftwaffe, die	*nehrau hawâi*	نیروی هوائی
Gefecht, das	*dargieri*	درگیری
kämpfen	*dschangidan*	جنگیدن
Zivilopfer, die	*qurbâni ghair nezâmi*	قربانی غیرنظامی
Imperialismus, der	*emparielisum*	امپریالیسم
Nationale Armee, die	*ordui meli*	اردوی ملی
zivil adj.	*ghair nezâmi*	غیرنظامی
Schützengraben, der	*zangar*	سنگر
Miliz, die	*schabe nazâmi*	نظامی (ملیثهشبه)
Soldat, der	*sarbâz*	سرباز
Bombe, die	*bamb*	بمب
Waffe, die	*salâh*	سلاح
Angriff, der	*hamala*	حمله
Chemische Waffe, die	*salâh schiemjâji*	سلاح شیمیایی
Atomwaffe, die	*salâh âtomi*	سلاح اتمی
Grenze, die	*sarhad*	سرحد
sanktionieren	*tarmien kardan*	تحریم کردن
besiegen	*schikast dâdan*	شکست دادن
befreien	*âzâd kardan*	آزاد کردن
Besatzung, die	*âschkhalgier*	اشغالگر
Invasion, die	*tahâdschum*	تهاجم

3.5 Terrorismus

با خدا جنگ نمی شود.

Bâ khodâ dschang nameh-schauwad.

[Gegen Gott kann man keinen Krieg führen.]

(religiös) Wenn man etwas nicht schafft, sollte man es um Gottes Willen und damit dem Schicksal überlassen. Und nicht mit Gewalt und erzwingen.

Aufständische, der	*schureschgar*	شورشگر
Drohne, die	*hawâ paimâi bi sarneschien*	هواپیمای بی‌سرنشین
Selbstmordattentäter, der	*ânthari*	انتحاری
Guerilla, der	*tscharik*	چریک
Taktik, die	*taktiek*	تاکتیک
Strategie, die	*estratiji*	استراتژی
Geiselnahme, die	*geraugân garie*	گروگان گیری
Aufstand, der	*qhiejâm*	قیام
Fundamentalismus, der	*bonyâdgieri*	بنیادگرایی
Gehirnwäsche, die	*schistoschu maghzi*	شستشوی مغزی
Mohnanbau, der	*khescht khaschkhasch*	کشت خشخاش
Armut, die	*faqir*	فقر
Terrorist, der	*terrorist*	تروریست
Straßenkampf, der	*nabard khejabani*	نبرد خیابانی
Massaker, das	*kheschtar dastdschami*	کشتار دستجمعی
Schlacht, die	*dschang*	جنگ
Niederlage, die	*schkast*	شکست
rebellieren	*schuresch kardan*	شورش کردن
Rebellion, die	*schuresch*	شورش
quälen	*zadschir diedan*	زجر دادن
Hinterhalt, der	*kamengah*	کمینگاه
Erpressung, die	*haghl ol sokut*	حق‌السکوت
erpressen	*haghl ol sokut greftan*	حق‌السکوت گرفتن

3.6 Kriminalität

دزد ده کوه جای نمیشه.

Douzd da kph dschâi nameh-scha.

[Für Diebe gibt es keinen Platz in den Bergen.]

(warnend) Diebe finden keinen Platz in der Gesellschaft.
Auch im Versteck, in den Bergen wird man sie irgendwann finden.

beschädigen	*khesâra rasândan*	خساره رساندن
entführen	*âkhtesâf kardan*	اختطاف کردن
kidnappen	*âdam rabâji kardan*	آدم ربایی کردن
Mord, der	*qhatal*	قتل
plündern	*tschpawoll kardan*	چپاول کردن
Kriminalpolizei, die	*poließ dschâji*	پلیس جنایی
Zeuge, der	*schâd*	شاهد
Opfer, das	*qurbâni*	قربانی
Täter, der	*madschurm*	مجرم
Beschreibung, die	*taschrae*	تشریح
Dieb, der	*dozd*	دزد
Rache, die	*enteqâm*	انتقام
Lösegeld, das	*pul naqd*	پول نفد
zerstören	*nâbud kardan*	نابود کردن
Schießen, das	*tirândâzi*	تیراندازی
Polizei, die	*poließ*	پلیس
fliehen	*farâr kardan*	فرار کردن
Verkehrspolizei, die	*poließ tarâfiekt*	پلیس ترافیک
Vergewaltigung, die	*tadschwuz dschensi*	تجاوز جنسی
Festnahme, die	*dastgier*	دستگیری
Kriminalität, die	*dschânaitkari*	جنایتکاری
rächen	*enteqâm greftan*	انتقام گرفتن

3.7 Sicherheit und Überwachung

بد گمان باش، در آمان باش.

[*Bad guman basch, dar iymân basch.*]

Sei misstrauisch, so bist du in Sicherheit.

(erzieherisch) Durch Misstrauen und Achtsamkeit kannst du
dich vor Gefahren immer schützen.

Grenzpolizei, die	*poließ - e sarhadi*	پلیس سرحدی
Gefahr, die	*khatar*	خطر
Bedrohung, die	*tahdid*	تهدید
schützen	*hafazat kardan*	حفاظت کردن
Spion, der	*dschâsus*	جاسوس
Spionage, die	*dschâsusi*	جاسوسی
Wache, die	*mahfez / negahbân*	نگهبان / محافظ
Leibwächter, der	*mahfez schakhsi*	محافظ شخصی
Straftat, die	*hamal kalâf qânoun*	عمل خلاف قانون
Gefängnis, das	*zendân*	زندان
Gewalt, die	*khoschunat*	خشونت
Verbrechen, das	*dschnâijat*	جنایت
Gang, der	*bând*	بند
Überwachung, die	*marâqabat*	مراقبت
verwanzen	*mekrafon rah makhfijana nasb kardan*	میکروفن را مخفیانه نسب کردن
einschleusen	*makhfiehâna nufuz kardan*	مخفیانه نفوذ کردن
Nachrichtendienst, der	*rasjat amaniyat meli*	ریاست امنیت ملی
verängstigen	*tarsândan*	ترساندن
Zwang, der	*dschbir*	جبر
elektronische Überwachung, die	*nazarat elektronieki*	نظارت الکترونیکی
Fingerabdruck, der	*asar ânguscht*	اثر انگشت
Folter, die	*schkandscha*	شکنجه

امنیت و مراقبت

KAPITEL 4

ERNÄHRUNG, ESSEN UND TRINKEN

4.1 Gemüse

نان و پیاز، پیشانی باز.

Nân wa pejâz, peschâni bâz.

[Brot und Zwiebel machen die Stirn frei.]

(rhetorisch)Die Redensart wird gegenüber dem Gast oder Gastgeber verwendet, um seine kulinarischen Erwartungen zu unterstreichen. Die Redensart besagt, das simples und leichtes Essen niemanden einen Anlass zur Beschwerde gibt.
Man soll also mit einer einfachen Mahlzeit zufrieden sein.

Zitrone / Limone, die	*limo*	لیمو
Kartoffel, die	*katschâlu*	کچالو
Karotte, die	*zardak*	زردک
Blumenkohl, der	*golpi*	گل پی
Olive, die	*zaitun*	زیتون
Zwiebel, die	*pejâz*	پیاز
Knoblauch, der	*sir*	سیر
Bohne, die	*lubyâ*	لوبیا
Rettich, der	*muli*	ملی
Kichererbse, die	*nakhod zard*	نخود زرد
Spinat, der	*pâlak*	پالک
Zucchini, die	*kadu sabz*	کدو سبز
Kürbis, der	*kadu*	کدو
Kohl, der	*karam*	کرم
Tomate, die	*bâhndschan-e rumi*	بانجان رومی
Weinrebe, die	*tahk*	تاک
Pilz, der	*samarogh*	سمارق
Aubergine, die	*bâd-dschân-sijâh*	بانجان سیاه
Erbse, die	*nakhod*	نخود
Rübe, die	*schalgham*	شلخم
Gurke, die	*bâdrang*	بادرنک
Rhabarber, der	*rawâsch*	رواش
Okra, die	*bâmiya*	بامیه

4.2 Obst

انگور از خود شیرینی پیدا میکنه.

Angur az khod schirni paida meh-kuna.

[Trauben entwickeln ihre Süße von allein.]

(Philosophie/Lebenshaltung/erzieherisch) Jeder hat die Gabe, Fähigkeit und körperliche Stärke, sich für sein Vorhaben einzusetzen und zu kämpfen.

Deutsch	Transkription	Dari
Apfel, der	*sib*	سیب
Kirsche, die	*gelâs*	گیلاس
Sauerkirsche, die	*âlu bâlu*	الو بالو
Birne, die	*nâk*	ناگ
Orange, die	*narendsch*	نارنج
Apfelsine, die	*mâlta*	مالته
Erdbeere, die	*tout-e zamini*	توت زمینی
Maulbeere, die	*tout*	توت
Traube, die	*ângur*	انگو
Banane, die	*kila*	کیله
Ananas, die	*ânânas*	آناناس
Wassermelone, die	*tarbuz*	تربوز
Honigmelone, die	*karbuza*	خربزه
Rohrzucker, der	*naischkar*	نیشکر
Granatapfel, der	*anâr*	انار
Mango, die	*am*	ام
Dattel, die	*khorma*	خرما
Pflaume, die	*âlu*	آلو
Aprikose, die	*zard âlu*	زرد آلو
Pfirsich, die	*schaft-alu*	شفتالو
Schale, die	*post*	پوست
Obst, das	*miwa*	میوه
Quitte, die	*behi*	بهی

میوه جات

4.3 Trockenfrüchte

بد قوم باش، بی قوم نه.

Bad qaum basch, bi qaum ne.

[Stamme lieber aus einer schlechten Sippe ab als aus gar keiner.]

(veralt.) Auch schlechte Sippen kümmern sich um einen und
der Mensch ist besser gestellt irgendeine Sippe zu haben, als gar keine.

Trockenfrucht, die	*miwâ khuschk*	میوه خشک
Mandel, die	*bâdâm*	بادام
Dattel, die	*khormâ*	خرما
Walnuss, die	*tschahâr maghz*	چهار مغز
Haselnuss, die	*tschahâr maghz gejâhi*	چهار مغز گیاهی
Pistazie, die	*pesta*	پسته
Rosine, die	*keschmesch*	کشمش
Pinienkerne, die	*dschal khuza*	جلغوزه
Cashewnuss, die	*bâdâm hindi*	بادام هندی
Erdnuss, die	*dschal ghuza je pâkistâni*	جلغوزه پاکستانی
Korinthe, die	*kheschmesch raza siyâ*	کشمش ریز سیاه
Feige, die	*ândschir*	انجیر
weich adj.	*narm*	نرم
reif adj.	*rasida / pokhta*	پخته / رسیده
rösten adj.	*sorkh kardan*	سرخ کردن
Ölweiden, die	*sendschit*	سنجد

4.4 Gewürze und Kräuter

مشک آنست که خود ببوید نه آنکه عطار گوید.

Moschk ân ast khe khod bebuiyad na ân ke huzar goyad.

[Echter Moschak riecht von selbst aus und nicht durch das sagen des Gewürzverkäufer.]

(Philosophie/Lebenshaltung) Originalität, Naturtreue und Authentizität müssen nicht weiter betont werden.

Deutsch	Transkription	Farsi
Curry, der	*zardtschuba*	زرد چوبه
Currypulver, das	*zardtschuba (podari)*	زرچوبه (پودر)
Soja, die	*sojâ*	سویا
Kardamom, der	*hel*	هیل
Muskatnuss, die	*dschuz*	جوز
Safran, der	*safrân*	زعفران
Senf, der	*khardel*	خردل
Fenchel, der	*bâdjân*	بادیان
Zimt, der	*dârdschien*	دارچین
Ingwer, der	*zandschfiel*	زنجبیل
Knoblauch, der	*sir*	سیر
Minze, die	*nânâ*	نعناع
Thymian, der	*pondiena*	پودنیه
Basilikum, das	*rahân*	ریحان
Oregano, der	*pona kohae*	پونه کوهی
Koriander, der	*kaschinjaz*	گشنیز
Dill, der	*schubet*	شبت
Berberitze, die	*zarschick*	زرشک
Mohn, der	*kaschkâsch*	خشخاش
Kreuzkümmel, der	*zehr sabz*	زیره سبز
Essig, das	*serka*	سرکه
Chili, der	*mortsch tond*	مرچ تند
Kümmel, der	*zira*	زیره

مساله جات و گیاهی طبی

4.5 Essen und Zubereitung

نمک را سر زخمش پاشید.

Nâmak ra sar zakhm paschied.

[Salz auf den Wunden streuen.]

(im übertragenen Sinne) In jemand absichtlich negative Erinnerungen wach rufen.

Deutsch	Umschrift	Farsi
Torte, die	kiek	کیک
Gebäck, das	koltscha	کلوچه
Creme, die	kriem	کریم
Sahne, die	qaimâq	قیماق
Keks, der	bisket	بیسکویت
Stück, das	partscha	پارچه
Hefe, die	khamir mâja	خمیرمایه
Teig, der	khamir	خمیر
Bäckerei, die	nânwâji	نانوایی
Bäcker, der	nânwâ	نانوا
Fladenbrot, das	nân kâhsa	نان خاصه
backen	pokhtan	پختن
kneten	mâlidan	مالیدن
sieben	lakkardan	الک کردن
Brotstück, das	tekka nân	تکه نان
Zuckerwürfel, der	qand kaschti	قند خشتی
Honig, der	hâsal	عسل
dämpfen	dschoschiedan	جوشیدن
Vorspeise, die	pesch ghezza	پیش‌غذا
Dessert, das / Nachspeise, das	desert	دسر
Mahlzeit, die	waqt nân	وقت نان
gebraten adj.	sorkh schoda	سرخ شدن
gegrillt adj.	briyan schoda	بریان شدن

4.6 Essen und Zubereitung

خیال پلو میزند.

Khiyal palau meh-zanad.

[Mit dem Gedanken an Palau (Planen und Leben).]

(scherzhaft) Träumerisch und fantasievoll denken und handeln
den Bezug zur Realität verloren haben.

sauer adj.	*torsch*	ترش
bitter adj.	*talkh*	تلخ
kalt adj.	*sard*	سرد
mild adj.	*molâyem*	ملایم
salzig adj.	*namaki*	نمکی
Salz, das	*namak*	نمک
braten	*sorkh kardan*	سرخ کردن
grillen	*kabâb kardan*	کباب کردن
verfaulen	*kharâb / fasid schodan*	خراب / فاسد شدن
heiß adj.	*dâgh*	داغ
ungekocht adj	*napokhta*	نپخته
gar adj.	*khâm*	خام
zubereiten	*âmada kardan*	آماده کردن
zubereiten	*pokhtan*	پختن
Tee kochen	*tschai dam kardan*	چای دم کردن
feurig adj.	*tond wa tiez*	تند و تیز
Ei, das	*tokm*	تخم
Teekanne, die	*tschainak*	چاینک
Topf, der	*dig*	دیگ
Marmelade, die	*morabâ*	مربا
Frühstück, das	*tschai sobh /nâschtâ / sobhâna*	صحبانه / ناشتايي / چای صبح
Mittagessen, das	*nân-e tschâscht*	نان چاشت
Abendessen, das	*nân-e schab*	نان شب

طرز تهيه غذا

49

KAPITEL 5

TIERWELTEN

5.1 Tiere in der freien Wildbahn

گرگ چوپانی کرده نمیتانه.

Gorg tschupâni karda nameh-tawâna.

[Der Wolf passt nicht mit den Schäfern zusammen.]

(Philosophie/im übertragenen Sinne) Aufgaben und Tätigkeiten können nur dann erfolgreich zusammen ausgeübt werden, wenn die Helfer charakterlich zusammen passen.

Löwe, der	*scher*	شیر
Leopard, der	*palang*	پلنگ
Bär, der	*khers*	خرس
Elefant, der	*fil*	فیل
Kaninchen, das	*khargusch*	خرگوش
Fuchs, der	*rubâ*	روباه
Wolf, der	*gorg*	گرگ
Affe, der	*schâdi*	شادی
Hirsch, der	*gawzan nar*	گوزن نر
Reh, das	*âuwu*	آهو
Giraffe, die	*zarâfa*	زرافه
Hund, der	*sag*	سگ
Zebra, das	*khorkhar*	گورخر
Bulle, der	*gauw nar*	گاو نر
Schwein, das	*khok*	خوک
Krokodil, das	*korkodiel*	کروکودیل
Wal, der	*nehang*	نهنگ
Elch, der	*gauw zan schmâli*	گوزن شمالی
wild adj.	*wahschi*	وحشی
Falke, der	*bâscha*	باشه
Geier, der	*kalmorgh*	کل مرغ
brüllen	*dâd zadan*	داد زدن

جیوانات وحشی

5.2 Nutztiere

تا گوساله گاو شود، دل خاوند آب شود.

Tâ gusâla gâw schod, del khânawand âb schod.

[Bis das Kalb zur Kuh heranwächst, leidet der Besitzer.]

(Philosophie/im übertragenen Sinne) Dinge im Leben brauchen Zeit.
Man muss sich gedulden, bis die Mühen fruchten.

Deutsch	Transkription	Farsi
Huhn, das	*morgh*	مرغ
Ente, die	*morgh âbi*	مرغابی
Hahn, der	*khorâs*	خروس
Henne, die	*mâkiyân*	ماکیان صرخ
Esel, der	*khâr*	خر
Rind, das	*gâuw*	گاو
Ziege, die	*boz*	بز
Kuh, die	*gâuw*	گاو
Kalb, das	*gusâla*	گوساله
Ziege, die	*boz*	بز
Schaf, das	*gusfand*	گوسفند
Pferd, das	*asb*	اسب
Stier, der	*gawn nar*	(گاو نر (وحشی
Lamm, das	*barrah*	بره
Gans, die	*gâz*	غاز
Kamel, das	*schotor*	شتر
Bulle, der	*gauw nar*	گاو نر
Kot, der (Schaf, Ziege)	*peschkel*	پشکل
zahm adj.	*âhli*	اهلی
Küken, das	*dschudscha*	جوجه
Truthahn, der	*filmorgh*	فیل مرغ
Fasan, der	*morgh-e daschti*	مرغ داشتی ⟵ قَرَقاول
Feder, die	*par*	پر

5.3 Kriechtiere

مار پوست میته، اما خوی نی.

Mâr post meh-tah, amâ khou ne.

[Schlangen häuten sich, aber schlechte Gewohnheiten vergehen nicht.]

(Philosophie/Lebenshaltung/im übertragenen Sinne) Der Mensch ändert sich äußerlich
ständig, aber seine Gewohnheiten bleiben gleich.

Kriechtier, Reptil das	khazinda	خزنده
Skorpion, der	khajschdom	گژدم
Schlange, die	mâr	مار
Schildkröte, die	sangpescht	سنگ پشت
Frosch, der	baqa	بقه ← قورباغه
Schmetterling, der	schâhparak	شاپرک
Laus, die	schpesch	شپش
Zecke, die	kana	کنه
Ratte, die	mosch sahrahi	موش صحرای
Maus, die	mousch	موش
Hamster, der	hamstar	همستر
Heuschrecke, die	malakh	ملخ
Grille, die	dschir dschirak	جیرجیرک
Gottesanbeterin, die	gahwâra dschnabân	گهواره جنبان ← آخوندک
Tausendfüßler, der	hâzar pâi	هزارپا
Eidechse, die	sousmâr	سوسمار
Falle, die	tâlak	تلک ← دام
Schlinge, die	damm	دم
Igel, der	kharposcht	خارپشت

خزنده ها

5.4 Vögel

سر زاغ بودنه گرفتن.

Sar zâgh bodâna greftan.

[Mit der Krähe eine Wachtel fangen.]

(Ironisch/scherzhaft/Spöttisch) 1. Schwachsinnige Arbeit verrichten; (die Krähe ist viel größer, kräftiger und wertvoller als die Wachtel) 2. Einer unqualifizierten und ungeeigneten Person ein anspruchsvolles Amt übertragen 3. Mit falschen Mitteln seine Arbeit verrichten.

Vogel, der	*parenda*	پرنده
Adler, der	*oqâb*	عقاب
Sperling/ Spatz, der	*gondschischk*	گنجشک
Nachtigall, die	*bobol*	بلبل
Meise, die	*qartscha*	قرچه
Die Krähe / der Rabe	*zägh*	زاغ
Eule, die	*bom*	بوم
Taube, die	*kabutâr*	کبوتر
Schwan, der	*qhau*	قو
Teichhuhn, das	*qaschqal*	قشقال
Papagei, der	*totä*	طوطی
Wellensittich, der	*morgh escheq*	مرغ عشق
Storch, der	*laglag*	لکلک
Feder, die	*par*	پر
Vogelnest, das	*lâna*	لانه
Raubvogel, der	*parenda schakâri*	پرنده شکاری
Schwalbe, die	*khotschi*	غچی
Wachtel, die	*bodana*	بودنه
Strauß, der	*schotormorgh*	شترمرغ
Flügel, der	*bâl*	بال
Pfau, der	*tâus*	طاووس
Rebhuhn, das	*qamara*	قمری

پرنده ها

5.5 Insekten

ده خانه مورچه، شبنم طوفان اس.

Da khâna mortscha, schabnam tufân as.

[Im Ameisenhaus ist der Morgentau wie ein Sturm.]

(scherzhaft/im übertragenen Sinne) 1. Das Gefühl von Menschen und Tieren ist relativ. Was für den einen bloß ein Fehler ist, bedeutet für den anderen bereits den Untergang. 2. (Philosophie) Menschen haben unterschiedliche Hoffnungen, Ängste und Erwartungen.

حشرات

Zecke, die	*qana*	کنه
Marienkäfer, der	*falbienak*	فالبینک
Laus, die	*hespesch*	اشپش
Mücke, die	*pascha*	پشه
Fliege, die	*magas*	مگس
Biene, die	*zambur*	زنبور
Ameise, die	*mortscha*	مورچه
Wespe, die	*qauw zambur*	گاو زنبور
Spinne, die	*dschulâ*	جولا
Heuschrecke, die	*malakh*	ملخ
Floh, der	*kaik*	کیک
Honig, der	*hasal*	عسل
Wurm, der	*kerm*	کرم
Schnecke, die	*halazun*	حلزون
Libelle, die	*bambirak*	بمببیرک

KAPITEL 6

LANDSCHAFT
UND
NATUR

6.1 Landschaft

در جوی که رسیدی انصاف کن.

Dar dschu ke rasiedi insdâf kun.

[Im Fluss angekommen, sei gerecht.]

(gehoben) Reichtum, hohe Position und Macht entbindet niemanden von Gerechtigkeit und Fairness. Die Redensart warnt davor, dass Menschen die eine hohe Position oder ein hohes Vermögen bekommen haben sich selbst oder ihre Familie/Freunde nicht vergessen sollen.

منظره

Deutsch	Aussprache	Persisch
Natur, die	tabijat	طبیعت
Quelle, die	tscheschma	چشمه
Steppe, die	halafzâr	علفزار
Wüste, die	dascht	دشت
Berg, der	koh	کوه
Hügel, der	tapa	تپه
Sumpf, der	mordâb	مرداب
Felsen, der	sakhra	صخره
Strand, der / Küste, die	sâhl	ساحل
Ufer, das	kenâr daryâ / lab ab	کناره دریا
Wasserfall, der	âb-schâr	آبشار
Meerenge, die	tangana âbi	تنگنا آبی
Landschaft, die / Panorama, das	manzâra	منظره
Gebiet, das	mantaqa	منطقه
Umland, das	âtraf	اطراف
Kontinent, der	qârah	قاره
Gletscher, der	yakhtschal tabijti	یخچال طبیعی
Vulkankrater, der	dahân âtsch-feschân	دهانه آتشفشان
Staudamm, der	band âb	بند آب
Vulkan, der	âtsch-feschân	آتشفشان
Land, das	sarzamin	سرزمین
Gebirge, das	kohestan	کوهستان
Weg, der	râh	راه

6.2 Natur

کوه هرچه بلند باشه، از سری خود راه دارد.

Koh har tschi belând bâscha, az sari khod râh darad.

[Egal wie hoch ein Berg ist: Über Spitze des Berges gibt es immer einen Weg.]

(motivierend) Hindernisse und Hürden sind unabhängig von ihrer
Schwierigkeit, immer überwindbar.

Deutsch	Transkription	Persisch
See, der	bâhiera	بحیره ← دریاچ
Fluss, der	daryâ	دریا
Ozean, der	oqiyânus	اقیانوس
Meer, das	bâhr	بحر
Bach, der	dschu	جوی جوی اب
Welle, die	maudsch	موج
Koralle, die	mardschân	مرجان
Insel, die	dschazira	جزیره
Bucht, die	khelidsch	خلیج
Erde, die	zamin	زمین
Gipfel, der	qola koh	قله کوه
Halbinsel, die	niema dschazira	نیمه جزیره
Sonne, die	aftâb	آفتاب
Mond, der	mâh	ماه
Stern, der	setâra	ستاره
Luft, die	hawâ	هوا
Himmel, der	âsmân	آسمان
Planet, der	qamr	قمر
Welt, die	dschâhan	جهان
Atomsphäre, die	âtomsfar	اتمسفر
Pole, die	qubt	قطب

6.3 Pflanzen

عمر گل کوتاه است.

Omr gol kotâh ast.

[Blumen haben eine kürzere Lebensdauer.]

(Philosophie/Lebenshaltung) 1. Gutherzige Menschen haben eine kürzere Lebensdauer.
2. Alles Gute und Schöne ist vergänglich.

نباتات

Pflanze, die	*nâbat*	نبات
Blume, die	*gol*	گل
Frucht, die	*zamara*	ثمره
Lilie, die	*zanbaq*	زنبق
Narzisse, die	*gol-e nargis*	گل نرگس
Margeriten, die	*gol-e mina*	گل مینا
Gänseblümchen, das	*mienai tschmani*	مینای چمنی
Rose, die	*gol-e golâb*	گل گلاب
Sonnenblume, die	*gol-e âftab parast*	گل آفتاب پرست
Tulpe, die	*gol-e lâla*	گل لاله
Duft, der	*bui khusch*	بوی خوش
Gras, das	*sabza*	سبزه
Dschungel, der	*dschangal*	جنگل
Wiese, die	*tschman*	چمن
Grünwiese, die	*sabza zâr*	سبزه زار
Blumenstrauß, der	*dasti gol*	دسته گل
Mohnblume, die	*gol kaschkâsch*	گل خشخاش
Veilchen, das	*benafscha*	بنفشه
Dorn, der	*khâr*	خار
Stachel, die	*khâr*	خار

6.4 Im Wald

جنگل ، تر و خشک دارد.

Dschangal, tar- o khuschk darad.

[Im Wald gibt es Trockenes und Nasses.]

(tröstend) In der Gesellschaft gibt es gute und schlechte Menschen.

Deutsch	Umschrift	Farsi
Wurzel, die	*rescha*	ریشه
Holz, das	*tschub*	چوب
Kiefer, die	*darakt nadscho*	درخت ناجو
Tanne, die	*darakt sanubar*	درخت صنوبر
Laub, das	*barg-e darakt*	برگ درخت
Distel, die	*buteh kâr*	بوته خار
Mohn, der	*kaschkâsch*	خشخاش
Unkraut, das	*halaf hazra*	علف هرزه
Moos, das	*khaza*	خزه
Blüte, die	*schugufa*	شگوفه
Baumstamm, der	*tahna darakt*	تنه درخت
Baum, der	*darakt*	درخت
Blatt, das	*barg*	برگ
Ast, der	*schâhkha*	شاخه
Knospe, die	*dschwâna*	جوانه
Strauch, der	*buteh*	بوته
Platanen, die	*darakt tschunâr*	درخت چنار
Förster, der	*dschangal bân*	جنگل بان
aufforsten	*dschangal sâzi kardan*	جنگل‌سازی کردن
Waldgebiet, das	*mantaqa dschangali*	منطقه جنگلی
Echte Trauerweide	*darakt madschnun bied*	درخت مجنون بید
Gärtner, der	*baghbâhn*	باغبان
Judasbaum, der	*darakt arkhoân*	درخت ارغوان

6.5 Materialien

فولاد را آتش و دوستی را زمان می آزمایی.

Fulâd ra ba âtasch wa dosti ra ba zamân meh-âzmâi.

[Stahl wird durch Feuer, Freundschaft durch die Zeit auf die Probe gestellt.]

(Philosophie/Lebenshaltung) In der Not, unter Druck und in heiklen
Situationen erkennt man wahre Freundschaft.

Material, das	*mauwâd*	مواد
Baumwolle, die	*penba*	پنبه
Bronze, die	*brounz*	برنز
Bestandteil, der	*dschuza*	جزء
Leder, das	*tscharm*	چرم
Faser, die	*nahk*	نخ
Kaschmir, der	*kaschmir*	کشمیر
Seide, die	*âbreschum*	ابریشم
Gewebe, das	*bâft*	بافت
Substanz, die	*mâda / hazer*	عنصر / ماده
Plastik, die	*palâstiek*	پلاستک
Kork, der	*tschubi punba*	چوب‌پنبه
Stofffetzen, der	*teka / pârtscha*	پارچه / تکه
Näherei, die	*khyâti kardan*	خیاطی کردن
nähen	*dokhtan*	دوختن
Faden, der	*târ*	تار
metallisch adj.	*felizi*	فلزی
echt	*kahles*	خالص
Original, das	*âsil*	اصل
organisch adj.	*ândami / hozoui*	عضوی / اندامی
künstlich adj.	*masnaui*	مصنوعی
Watte, die	*penba*	پنبه

مواد کاری

6.6 Schmucksteine

وقت طلاست.

Waqt talâ (almâs) ast.

[Zeit ist Gold (Diamant).]

(bildungssprachlich) Zeit ist wertvoller als ein Diamant und kommt nie wieder.

Deutsch	Transkription	Persisch
Diamant, der	*âlmâs*	الماس
Gold, das	*telâ*	طلا
Silber, das	*noqra*	نقره
Platin, das	*telâ safed*	طلای سفید
Nickel, der	*nikel*	نکل
Eisen, das	*âhan*	آهن
Zinn, das	*nâq*	قلع
Aluminium, das	*âlumienjam*	آلومینیوم
Rubin, der	*(sorkh) yâqout*	یاقوت (سرخ)
Smaragd, der	*zamarod*	زمرد
Opal, der	*hain alschmesch*	عین‌الشمس
Mondstein, der	*hadschar alqmar*	حجرالقمر
Topas, der	*topâz*	توپاز
Turmalin, der	*tourmâlien*	تورمالین
Kohle, die	*zoghâl*	زغال
Jade, der+die	*jeschem*	یشم
Lapislazuli, der	*lâdschward*	لاجورد
Saphir, der	*yâqout kabot*	یاقوت کبود
Feuerstein, der	*sang tschkhmaqh*	سنگ چخماق
Granit, der	*sang kâhra*	سنگ خارا
Bernstein, der	*kahrbâ*	کهربا
Kristall, das	*kristâll*	کریستال

6.7 Umweltschutz

درخت که به تو سایه می دهد، قطع نکن.

Darakht ke ba tu sâja meh-dahad, qata nakun.

[Den Baum, der dir Schatten gibt, solltest du nicht fällen.]

(Philosophie/Lebenshaltung) 1. Weiß die Beziehungen zu schätzen, die dir zu Gute kommen. Sorge dafür, dass sie dir erhalten bleiben. 2. Mahnendes Sprichwort: Man sollte keine Schritte unternehmen, die einem dann selbst schaden. Man sägt nicht den Ast ab, auf dem man sitzt.

Umwelt, die	*mohait-e zist*	محیط زیست
Umweltschutz, der	*hafazat mohait- sajist*	حفاظت محیط زیست
Verschmutzung, die	*âlloudagi*	آلودگی
Schadstoff, der	*mâda mozur*	ماده مضر
verursachen	*bâheiß schodan*	باعث شدن
global adj.	*dschâhni*	جهانی
Fracking, das	*schicksetagi hai haidar wa lieki*	شکستگی‌های هیدرولیکی
Artenschutz, der	*hafazat az dschânwurân*	حفاظت از جانوران
zerstören	*az bein bordan*	از بین بردن
Risiko, das	*khatar*	خطر
Klimawandel, der	*takhierat âb wa hawa*	تغییرات آب و هوا
Treibhauseffekt, der	*gâzai golkhâna hai*	گاز های گل خانه ای
Erneuerbare Energien, die	*ânsar golkhâna bargascht pazier*	انرژی برگشت پذیر
Erosion, die	*fresâjesch*	فرسایش
Rohstoff, der	*mada ghâm*	ماده خام
Recycling, das	*bâzyaftan*	بازیافت
Energie, die	*enerji*	انرژی
Gleichgewicht, das	*mauâza / toâzan*	توازن / موازنه
Waldsterben, das	*nâbod dschangal*	نابودی جنگل
Naturschutz, der	*hafez manbah tahbi*	حفظ منابع طبیعی
Naturschutzgebiet, das	*mantaqa hafez manâba tahbi*	منطقه حفظ منابع طبیعی
Nationalpark, der	*pârk meli*	پارک ملی

حفاظت محیط زیست

KAPITEL 7
GESUNDHEIT
UND
KRANKHEITEN

7.1 Gesundheit im Allgemein

وجدان اگر مریض شد، خوب شد نی نیست.

Wodschdân agar mariez schod, khub schodanie nest.

[Wenn das Gewissen erkrankt ist, ist es nicht heilbar.]

(bildungssprachlich) Einem beeinträchtigen oder zwiegespaltenen Gewissen
fällt es schwer, eine faire Entscheidung zu treffen.

Gesundheit, die	*salâmati*	سلامتی
geistig adj.	*fekri*	فکری
seelisch adj.	*rui*	روحی
psychisch adj.	*ruâni*	روانی
genesen	*schafâ paidâ kardan*	شفا پیدا کردن
Lebensweise, die	*schiewua zendagi*	شیوه زندگی
schwach adj.	*zajief*	ضعیف
Diät, die	*pariez*	پرهیز
Diät machen	*rejem greftan*	رژیم گرفتن
Behandlung, die	*mahlscha*	معالجه
Schmerz, der	*darad*	درد
Wohlbefinden, das	*sâlmati wa râfa*	سلامتی و رفاه
Leid, das	*randsch*	رنج
bluten	*khun riezi kardan*	خونریزی کردن
Erkältung, die	*riezesch*	ریزش
Schwellung, die	*pondidian*	پندیدگی
Wunde, die	*zakhm*	زخم
sich brechen	*estufragh kardan*	استفراغ کردن
bewusstlos adj.	*behuschi*	بی‌هوش
Schweiß, der	*haraqh*	عرق
schwindelig adj.	*gans*	گنس
Schock, der	*schock*	شوک

مفاهیم در رشته سلامت

7.2 Krankheiten

با درد بساز، تا به درمان برسی.

Ba darad beass, ta ba darman berassi.

[Ertrage Schmerzen, bis die Linderung (Heilung) kommt.]

(gehoben) Ruhe, Gesundheit und Frieden kommen durch Geduld,
Man soll den Schmerz und den Kummer Ausdauer ertragen

Krankheit, die	*marizi*	مریضی
Allergie, die (sein)	*hasâsejat (dâschtan)*	حساسیت (داشتن)
Asthma, das	*âsema*	آسما
Durchfall, der	*esahl*	اسهال
Atembeschwerden, die	*nafas tangi*	نفس تنگی
Gelbsucht, die	*zardi*	زردی
Geschlechtskrankheit, die	*bimârie dschensi*	بیماری جنسی
Epilepsie, die	*bimârie sâri*	بیماری ساری
Grippe, die	*griep*	گریپ
Herzanfall, der	*hamla qalbi*	حمله قلبی
husten	*sorfa kardan*	سرفه کردن
Diabetes, der	*mariez schakar*	مرض شکر
Aids	*âeds*	ایدز
Krampf, der	*greftagi hazla*	گرفتگی عضله
Lähmung, die	*fâldsch*	فلج
Masern, die	*sorkha-khân*	سرخکان
Magenschmerzen, die	*mehda darad*	معده درد
Malaria, die	*mâlarja*	مالاریا
Rückenschmerzen, die	*kamar darad*	کمردرد
Schlaganfall, der	*sagta mahkzi*	سکته مغزی
Kinderlähmung, die	*fâldsch-atfâl*	فلج اطفال
Verstopfung, die	*qabzijat*	قبضیت

7.3 Unfälle und Verletzungen

پشک هفت دم.

Peschak haft dam.

[Eine Katze mit sieben Leben.]

Ironische Bezeichnung für jemand der trotz tödlicher Umstände, Krankheiten überlebt.

Deutsch	Umschrift	Persisch
abstürzen (herunter)	*aftandan*	افتادن
Binde, die	*bandâj*	بنداژ
Erste Hilfe	*komakhai âwalja*	کمک‌های اولیه
blauer Fleck, der	*kabuti*	کبودی
Knochenbruch, der	*schkastagi ostokhân*	شکستگی استخوان
Krankenwagen, der	*âmbulance*	آمبولانس
lebensbedrohlich adj.	*khatar hâijat*	خطر حیاتی
Sanitäter, der	*parstâr*	پرستار
überfahren	*zahr greftan*	زیر گرفتن
Verband, der	*pânsmân*	پانسمان
Verletzung, die	*zakhem*	زخم
ertrinken	*kharq schodan*	غرق شدن
zusammenstoßen	*tasâdufat kardan*	تصادف کردن / به هم برخورد کردن
um Hilfe rufen	*komak khastan*	کمک خواستن
Alarm, der	*âlan khatar*	اعلان خطر
Notrufnummer, die	*nomra telfon adschl*	نمره تلفن عاجل
Brand, der	*âtasch souzi*	آتش‌سوزی
überleben	*zenda mândan*	زنده ماندن
Lebenszeichen, das	*nuschan zendagi / halamat zendagi*	علامت زندگی / نشانه زندگی
retten	*nedschâd dâdan*	نجات دادن
sterben	*faut kardan*	فوت کردن
Entzündung, die	*eltahâb*	التهاب

حوادث و صدمات

7.4 Beim Arzt

کارد اگه از نقره ام شیوه، کسی ده دل خود نمیزنه

Kârd aga az noqra ham schauwa, kasi da del khod nameh-zana.

[Auch wenn das Messer aus Silber wäre, ersticht sich niemand damit.]

(Philosophie/Lebenshaltung) Der Mensch liebt sich über alle weltlichen Güter und vermeidet alles was Schmerz und Leid verursacht.

Termin, der	*qarâr molâqât*	قرار ملاقات
Wartezimmer, das	*otâq entezâr*	اتاق انتظار
Facharzt, der	*daktar-e mutakhasus*	دکتر متخصص
Internist, der	*daktar-e dakheli*	دکتر داخلی
Kinderarzt, der	*daktar-e atfâl*	دکتر اطفال
Betäubung, die	*behuschi*	بیهوشی
Hals-Nase-Ohren-Arzt, der	*daktâr-e gusch wa halgh wa binie*	دکتر گوش و حلق و بینی
Frauenarzt, der	*daktâr-e zanân*	دکتر زنانه
Augenarzt, der	*dâktar-e tscheschm*	دکتر چشم
Arztpraxis, die	*moâyena khâna*	معاینه خانه
Vermeidung, die	*pariez*	پرهیز
Harnuntersuchung, die	*âzmâyesch âdrar*	آزمایش ادرار
Hebamme, die	*qâbela*	قابله
Impfstoff, der	*wâksiehn*	واکسین
Zahnschmerzen, die	*dandân darad*	دندان‌درد
Infektion, die	*ebtlâ / serâhat*	ابتلا / سرایت
Bakterie, die	*mokruhb*	مکروب
Kopfschmerzen, die	*sar darad*	سردرد
Fieber, das (haben)	*tab (tab dâschtan)*	(تب) تب داشتن
Magengeschwür, das	*zahkm medha*	زخم معده
Wehe, die	*darad*	درد
Beule, die	*pondidagi*	پند یدگی

7.5 Im Krankenhaus

آسوده سر بیمار.

Âsudah sar bimâr.

[Der (reich) Behängte bleibt auf den Schultern der Kranken (sitzen).]

(Ironisch) Gesunde, wohlhabende und unbesorgte Personen gibt es nur auf Kosten derer,
die sich für sie abmühen und arbeiten und dafür in ihrem sorgenvollen Leben bleiben.

Deutsch	Transkription	Persisch
Sprechstunde, die	*waqt molâqât*	وقت ملاقات
Patient, der	*bimâr / mâriez*	مریض / بیمار
empfinden	*ehsass kardan*	احساس کردن
untersuchen	*moâjena kardan*	معاینه کردن
Chirurgie, die	*dschâri*	جراحی
Rezept, das	*noskha dauwâ*	نسخه دوا
Medikament, das	*dauwâ*	دوا
behandeln (medizinisch)	*mahledscha kardan*	معالجه کردن
Apotheke, die	*dauwâ khâna*	دوا خانه
Krankenhaus, das	*schâfa khâna*	شفا خانه
Bett, das	*takht*	تخت
Krankenschwester, die	*nars*	نرس
Operation, die	*hamaliejat*	عملیات
Röntgenbild, das	*haks ba âscha âhks*	عکس با اشعه ایکس
diagnostizieren	*(biemâri) taschlez dâdan*	تشخیص دادن (بیماری)
Klinik, die	*klieniek*	کلینیک
Labor, das	*labrorwator*	لابراتوار
Massage, die	*mâsâjh*	ماساژ
Narkose, die	*bi-huschi*	بیهوشی
fühlen, sich	*hes kardan*	حس کردن
Blutuntersuchung, die	*âzmâesch khun*	آزمایش خون
Koma, der	*komâ*	کوما

مفاهیم در شفاخانه

7.6 Körperpflege

صفایی خانه، آبست و جارو.

Safây khâna, âb-ast wa dschru.

[Die Reinheit eines Hauses kommt durch Wasser und Fegen.]

(Philosophie/Lebenshaltung) Ein sauberes Haus kommt durch ihre Bewohner, die auf Ordnung und Reinheit achten und sie schätzen.

gesund adj.	*sâlem*	سالم
Gemütszustand, der	*wazjaht rui*	وضعیت روحی
Figur, die	*ândâm*	اندام
waschen	*schestan*	شستن
Dusche, die	*dousch*	دوش
duschen	*douschgreftan*	دوش گرفتن
baden	*hamâm kardan*	حمام کردن
Nagellack, der	*rang nâkhun*	رنگ ناخن
Locke, die	*halga mui*	حلقه مو
kämmen	*schâhna kardan*	شانه کردن
Kamm, der	*schâhna*	شانه
Haarbürste, die	*brus mui*	برس مو
Bürste, die	*brus*	برس
Haarausfall, der	*razesch mui*	ریزش مو
glätten	*hamwar kardan*	هموار کردن
Zähneputzen, das	*dandân schestan*	دندان شستن
rasieren, sich	*resch tarâschiedan*	ریش تراشیدن
Hände waschen	*dast schestan*	دست شستن
Gießkanne, die (Toilette)	*âftâba*	آفتابه
Taschentuch, das	*dastmâl*	دستمال
Toilettenpapier, das	*khâgaz taschnâb*	کاغذ تشناب
Windel, die	*pamparz*	پمپرز

7.7 Kosmetik

شیوهر کردم، فیشن کنم، نه که پیوند کنم.

Schauhar kardam, faeschan kunum, ne ke paiwand kunem.

[Ich habe geheiratet, um mich zu schminken, und nicht um Stofffetzen zu flicken.]

Erwidernde Redensart; wird beim Streitgespräch eingesetzt, wenn man sich Dinge anders vorgestellt hat und mit den Umständen unzufrieden ist.

Deutsch	Transkription	Persisch
Creme, die	*kriem*	کریم
Shampoo, das	*schâmpo*	شامپو
Make-up, das	*âraiesch*	آرایش
Lippenstift, der	*lab srien*	لب سرین
Parfum, das	*hatir*	عطر
schminken, sich	*âraiesch kardan*	آرایش کردن
Bart, der	*resch*	ریش
Duschgel, das	*douschgiel*	دوش کیل
Seife, die	*sâboun*	صابون
Schaum, der	*kaf*	کف
Haarschnitt, der	*âraiesch mui*	آرایش مو
plastische Operation, die	*dschâri plâsitiek*	جراحی پلاستک
föhnen	*mui khuschk kardan*	موخشک کردن
Maniküre, die	*âraiesch (nâkhun) dast*	آرایش (ناخن) دست
Perücke, die	*mui-e sâkhtagi*	موی ساختگی
Puder, das	*podar*	پودر
Rasierapparat, der	*mâschien resch tarâschi*	ماشین ریش تراشی
Rasiercreme, die	*kriem resch tarâschi*	کریم ریش تراشی
Scheitel, der	*farqh sar*	فرق سر
Nagellack, der	*rang-e nâkhun*	رنگ ناخن
Zahnbürste, die	*bors-e dandân*	برس دندان
Zahncreme, die	*kriem-e dandân*	کریم دندان

آرایش و زیبایی

KAPITEL 8

ERDE, KLIMA UND NATUREREIGNISSE

8.1 Wetter

برف بام خوده، بالای بام دیگران ننداز!

Bârf bahm khoda, bâlâ bâhm degerân nâdâz !

[Schaufel Schnee von deinem Dach auf die Dächer der anderen.]

(ermahnend) Übertrage nicht deine Schuld, Fehler und falschen Urteile auf andere Menschen.

Temperatur, die	*harârat*	حرارت
Wärme, die	*garmi*	گرمی
kalt adj.	*sard*	سرد
wolkig adj.	*abrâlud*	ابرآلود
Regen, der	*bârân*	باران
nass adj.	*tar*	تر
Wind, der	*bâd*	باد
windig adj.	*bâdi*	بادی
Tau, der	*schabnam*	شبنم
wehen	*waziedan*	وزیدن باد
Grad, der	*daradscha*	درجه
Schnee, der	*barf*	برف
Schatten, der	*sâja*	سایه
Vorhersage, die	*peschbini*	پیش‌بینی
Hagel, der	*jala*	ژاله
Luft, die	*hawâ*	هوا
bedeckt adj.	*âbri*	ابری
frisch adj.	*tâza*	تازه
heiter adj.	*âtabi*	آفتابی
klar adj.	*schafâf*	شفاف
Regenbogen, der	*kamân rustam*	گمان رستم

8.2 Klima

کدام اقیانوس است که بی موج است ؟

Kodâm oqyânnus ast ke beh maudsch ast?

[Welcher Ozean hat keine Wellen?]

(Philosophie/rhetorisch) Es gibt niemanden auf der Welt, der Leid, Kummer und Trauer nicht erlebt hat. Unabhängig von seiner Größe, Machtposition und Reichtümer.

Wetter, das	*hawâ*	هوا
Klima, das	*âb wa hawâ*	آب و هوا
Hitze, die	*garmi schadid*	گرمی شدید
heiß adj.	*dâgh*	داغ
warm adj.	*garm*	گرم
Kälte, die	*sardi*	سردی
Wolke, die	*abri*	ابر
bewölkt adj.	*abr âulud*	ابرآلود
Regen, der	*bârân bâradan*	باران
trocken adj.	*khuschk*	خشک
nass adj.	*tar*	تر
Wind, der	*bâd*	باد
wehen	*damiedan*	دمیدن
schmelzen	*âb schodan*	آب شدن
Nebel, der	*ghoubâr*	غبار
Eis, das	*jakh*	یخ
Schnee, der	*barf*	برف
schneien	*barf bâridan*	برف باریدن
Hagel, der	*jala*	ژاله
Schatten, der	*sâja*	سایه
feucht adj.	*martoub*	مرطوب

8.3 Naturereignisse

فواره هر قدر بلند شیوه، باز ام سرنگون میشه.

Fawârah har qadar belând schaua, bâz ham sarnogun meh-scha.

[Wie hoch auch ein Springbrunnen (das Wasser) nach oben schießt: Am Ende neigt
sich (das Wasser) nach unten.]

(Philosophie)1. Wie erfolgreich auch ein Mensch sein wird: Am Ende wird er doch sterben.
2. Welche Gesellschaftliche Stellung auch der Mensch erreichen mag, am Ende steigt er ab.

Dürre, die	*khescht sâl*	خشکسالی
Feuer, das	*âtsch*	آتش
Hitze, die	*garmi zijâd*	گرمای زیاد
Frost, der	*jakhbandân*	یخبندان
Erdbeben, das	*zelzula*	زلزله
Atomsphäre, die	*âtomsfar*	اتمسفر
Maximum, das	*balâtarien*	بالاترین
Luftdruck, der	*fuschâr hawâ*	فشار هوا
Klimazone, die	*hawâ auza*	هوا حوزه
Katastrophe, die	*fadscha*	فاجعه
Flut, die	*sehl*	سیل
Hochwasser, das	*sehlâb*	سیلاب
Vulkanausbruch, der	*faurân âtschfeschân*	فوران آتشفشان
Katastrophengebiet, das	*mantaqa fadscha*	منطقه فاجعه
Sturm, der	*tufân*	طوفان
Unwetter, das	*tufân*	طوفان
Schneesturm, der	*tufân barfi*	طوفان برف
Sandsturm, der	*tufân rig*	طوفان ریک
Ebbe und Flut die, die	*dschzar - o mad*	جزر ومد

حوادث طبیعی

KAPITEL 9

WOHNUNG
UND
HAUSHALT

9. 1 Zimmer und Wohnbereiche

شیر خانه، روباه بیرون.

Scher khâna, rubâh berun.

[Wie ein Löwe Zuhause, wie ein Fuchs draußen.]

(im übertragenen Sinne) Im Hause dominant und auf der Straße unterwürfig.

Flur, der	*dahliez*	دهلیز
Wohnzimmer, das	*otâq neschiman*	اتاق نشیمن
Schlafzimmer, das	*otâq khâb*	اتاق خواب
Stockwerk, das	*tabaqa*	طبقه
Etage, die	*manzel*	منزل
Tür, die	*dar*	در
Treppenstufe, die	*pata*	پته زینه
Fahrstuhl, der	*left*	لفت
Dach, das	*bâm*	بام
Klingel, die	*zang*	زنگ
Ofen, der	*bekhâri*	بخاری
Zentralheizung, die	*markaz garmi*	مرکز گرمی
Kamin, der	*bekhâri diuwâri*	بخاری دیواری
Schlüssel, der	*kelid*	کلید
Ziegel, der	*khescht*	خشت
Holz, das	*tschub*	چوب
Dachboden, der	*zir schirauân*	زیر شیروان
Arbeitszimmer, das	*otâq kâr*	اتاق کار
Balkon, der	*bâkun*	بالکن
Garage, die	*gâhrâtsch*	گاراچ
Sessel, der	*khautsch jak nafari*	کوچ یک نفری
Teppich, der	*qâlin*	قالین

اتاق و خانه

9. 2 Haushaltswaren

كس را به بام بالا كردن، و زينه را پس كردن.

Kas ra bâhm bâlâ kardan, wa zinah ra pass kardan.

[Jemandem aufs Dach steigen und die Leiter wegziehen.]

(scherzhaft/im übertragenen Sinne) Jemanden in eine Falle locken und Blöd aussehen lassen.

Aschenbecher, der	*segrit dâni*	سگرت دانی
Axt, die	*tabar*	تبر
Becher, der	*pijâla*	پياله
Besen, der	*dschâru*	جارو
Bügeleisen, der	*otu*	اتو
reinigen	*pak kardan*	پاک كردن
Haushalthilfe, die	*khedmat kâr khâna dahri*	خدمت كار خانه داری
kehren	*dschâru kardan*	جارو كردن
aufräumen	*dscham kardan*	جمع كردن
Messer, das	*kard / tschaqu*	چاقو / كارد
Löffel, der	*qâschoq*	قاشق
Flaschenöffner, der	*sar bâz kun*	سر بازكن
Fleischwolf, der	*mâschin guscht*	ماشين گوشت
Gardine, die	*parda*	پرده
Schere, die	*qaitschi*	قيچی
Hammer, der	*tschakosch*	چكش
Handtuch, das	*dastmâl-e dast*	دستمال دست
Kanne, die	*tschainak*	چاينك
Topf, der	*dig*	ديگ
Kleidung waschen, die	*rokht schestan*	رخت شستن

وسایل خانه

9. 3 Mobiliar

خانه، دیگ سر پوشیده است.

Khâna, degeh sarposchida ast.

[Das Zuhause ist ein zugedeckter Deckel.]

(im übertragenen Sinne) Die Redensart wird besonders dann eingesetzt, wenn Familienmitglieder auf das Bewahren des Familiengeheimnisses hingewiesen werden.

اثاثیه خانه

Deutsch	Umschrift	Dari
Stuhl, der	*tschauki*	چوکی
Bett, das	*takht khaub*	تخت خواب
Sofa, das	*tschauki du nafari*	چوکی دو نفری
Schreibtisch, der	*miz tarier*	میز تحریر
Kleiderschrank, der	*almâri lebâs*	الماری لباس
Couch, die	*zieht kautsch*	سیت کوچ
Schrank, der	*almâri*	الماری
Vase, die	*goldân*	گلدان
Ventilator, der	*hawâ khasch*	هواکش
Waschpulver, das	*pudar lebâs schoui*	پودر لباسشویی
Küchentisch, der	*zieht âschpaz khâna*	سیت آشپزخانه
Stuhl, der	*tschauki*	چوکی
Regal, das	*qafs / tâq*	طاق / قفس
Möbel, die	*mobil*	مبل
Schublade, die	*almâri / rauhak miz*	روک میز / الماری
Hocker, der	*tschahâr pâia*	چهارپایه
Bank, die	*darâz tschauki*	دراز چوکی
Schachtel, die	*qauti*	قوطی
Kommode, die	*kumod*	کمد
Esstisch, der	*miz ghezâ khori*	میز غذاخوری
Couchtisch, der	*miz tschâi khori*	میزچای خوری

9. 4 Haushaltsführung

داد همسایه به چمچه، فریادش به کوچه.

Dâd hamsâja ba tschamtscha, farjadasch ba kutscha.

[Gibst du den Nachbar den Löffel, hört die Gasse von seinem Geschrei.]

(umgangssprachlich) Die Redewendung wird verwendet, um auf Personen und Nachbarn hinzuweisen, die dem Lästern verfallen sind.

Türschloss, das	*qolef*	قفل
Wand, die	*diwâr*	دیوار
Scheibe, die	*schiescha*	شیشه
Fenster, das	*killkien*	کلکین
Staub, der	*gerdu-o khâk*	گردوخاک
Staubsauger, der	*dschâru barqi*	جارو برقی
Wäsche waschen, die	*kâhla schestan*	کالا شستن
Polieren, das	*thieqel dâdan*	صیقل دادن
säubern	*pakt kardan*	پاک کردن
schneiden	*boridan*	بریدن
Wasserhahn, der	*schier dahân âb*	شیر دهان آب
Kammer, die	*otâq kohtschak*	اتاق کوچک
Nähmaschine, die	*teschrekh khijâti*	چرخ خیاطی
Feuerzeug, das	*leitar*	لیتر
Taschenlampe, die	*tschârgh dâsti*	چراغ داستی
Blumentopf, der	*goldân*	گلدان
Wanduhr, die	*zâhat diwâr*	ساعت دیواری
Nagel, der	*mekh*	میخ
Säge, die	*ârah*	اره
Schere, die	*qaitschi*	قیچی

اداره خانه

9. 5 Kücheneinrichtung

کوزه هر روز نمی شکنه !

Kuza har-ruz nameh-schekhane !

[Der Krug zerbricht nicht jeden Tag !]

Unfälle und Unglück passieren nicht alle Tage.
Die Redensart fordert auf, immer auf der Hut und wachsam zu sein..

spülen	*ba âb schestan*	با آب شستن
Teekanne, die	*tschainak*	چاینک
Trichter, der	*qief*	قیف
Temperatur, die	*harârat*	حرارت
Kochbuch, das	*khetâb âschpazi*	کتاب آشپزی
schälen	*post kardan*	پوست کندن
Kochrezept, das	*dastur poktan*	دستور پخت
Sauce, die	*sahs*	سس
Suppe, die	*soup*	سوپ
Schneidebrett, das	*takhta bresch*	تخته برش
Suppenlöffel, der	*qâschoq soup khori*	قاشق سوپ‌خوری
Tischdecke, die	*rui mizi*	رومیزی
Spülbecken, das	*zarf schui*	ظرفشویی
Tablett, das	*patnoss*	پطنوس
Fach, das	*qafas*	قفس
Spule, die	*zarfschui*	ظرفشویی
Spülmittel, das	*mâi zarfschui*	مایع ظرفشویی
Becken, das	*tascht*	تشت
Becken, das	*lagan*	لگن
Reinigungsmittel, das	*pudar schestoschu*	پودر شستشو

وسایل آشپزخانه

9. 6 Küchenzubehör

خوردن، جواب دادن دارد.

Khordan, dschwâb dâdan dârad.

[Wer als Gast isst, hat sich ebenfalls zu verantworten.]

Die mahnende Redensart wird eingesetzt, um Personen die gerne überall essen darauf aufmerksam zu machen, dass jede Mahlzeit Verpflichtungen und Verantwortungen mit sich bringen.

Deutsch	Transkription	فارسی
Herd, das	*dasch*	داش
Kühlschrank ,der	*jakh tschâl*	یخچال
Tasse, die	*pjâla*	پیاله
Teller, der	*beschqâb*	بشقاب
Gabel, die	*pandscha*	پنجه
Messer, das	*tschâqu*	چاقو
Besteck, das	*qâschieq wa pandscha*	قاشق و پنجه
Glas, das	*gilâs*	گیلاس
Kochtopf, der	*dig âschpâzi*	دیگ آشپزی
Topf, der	*dig*	دیگ
Schälchen, das	*kâsa khutschak*	کاسه کوچک
Schüssel, die	*kâsa*	کاسه
Waage, die	*tarâzu*	ترازو
Büchse, die	*qouti*	قوطی
Pfanne, die	*tokm pâzi/karâi*	کرا ئی /تخم پزی
Kelle, die	*mâlaqa karâi*	ملاقه کرا ئی
Flaschenöffner, der	*sar bâz kun*	سر بازکن
Krug, der	*khuza*	کوزه
Geschirrspüler, der	*mâschin zarf schui*	ماشین ظرفشوئی
Müllbeutel, der	*kiesa âschkhâl*	کیسه آشغال

تجهیزات آشپزخانه

9. 7 Tätigkeiten in der Küche

هرچیزی که در دیگ است در چمچه است.

Har tschize ke dar dig as dar tschamtscha ast.

[Was auch immer sich im Kochtopf befindet, es kommt auf die Kelle.]

(Philosophie) Was auch immer sich im Inneren (Menschen) befindet, es wird eines Tages nach außen hervor treten.

فعالیتها در آشپزخانه

abwaschen	zarf schaui kardan	ظرفشویی کردن
dämpfen	bekâr dâdan	بخار دادن
braten	sorkh kardan	سرخ کردن
würzen	âdua zadan	ادویه زدن
waschen	schestuschu kardan	شستشو کردن
aufräumen	dscham kardan	جمع کردن
wegwerfen	dor ândâkhtân	دور انداختن
ordnen	munazum kardan	منظم کردن
sieben	âlek kardan	الک کردن
mischen	makhloud kardan	مخلوط کردن
zerkleinern	khurd kardan	خرد کردن
zerschneiden	rieza kardan	ریزه کردن
schälen	post kandan	پوست کندن
mahlen	ârd kardan	آرد کردن
sieden	dschosch kardan	جوش کردن
backen	pokhtan	پختن
schmoren	bâ harârat molyem poktan	با حرارت ملایم پختن
grillen	kabâb kardan	کباب کردن
zubereiten	âmada kardan	آماده کردن
auspressen	(miwa)kaschidan âb	کشیدن آب (میوه)
servieren	safra gestardan	سفره گستردن
Tee kochen	tschai dam kardan	چای دم کردن

KAPITEL 10

KLEIDUNG

10. 1 Allgemeines

گاو، اگر سیاه است، شیرش سفید است.

Gâw, agar siyâ ast, schirisch safied ast.

[Auch wenn die Kuh schwarz ist, hat sie weiße Milch.]

1. (spöttisch) Auch wenn jemand alte Kleidung trägt, ändert es nicht an seinem edlen Wesen.
2. Auch wenn jemand so prächtig aussieht, sein guter bzw. schlechter Charakter ändert sich nicht.

Kleidung, die	*kâla / lebâs*	لباس / کالا
Kleidergröße, die	*ândaza kâla*	اندازه کا لا
Herrenbekleidung, die	*lebâs mardanâ*	لباس مردانه
Damenbekleidung, die	*lebâs zanâna*	لباس زناناً
Mode, die	*mod*	مد
ausprobieren	*emtân kardan*	امتحان کردن
anziehen (Kleidung)	*poschiedan*	پوشیدن
veraltet adj.	*qadimi / kohna*	کهنه / قدیمی
tragen	*lebâs poschiedan*	لباس پوشیدن
passen	*dschur âmadan*	جورآمدن
eng adj.	*tang*	تنگ
weit adj.	*goschâd*	گشاد
kurz adj.	*kotâh*	کوتاه
nackt adj.	*lotsch*	لوچ
unpassend adj.	*nâ menâseb / bi dschai*	نامناسب / بی‌جا
schmal adj.	*bârik*	باریک
Stoffladen, der	*teka forschi*	تکه فروشی
schneidern	*khajâti kardan*	خیاطی کردن
Schneiderei, die	*khâjati*	خیاطی
verkürzen	*kotâh kardan*	کوتاه کردن
zerknittert adj.	*metschla kardan*	مچاله کردن
farblich passen	*rang ba ham khwandân*	رنگ با هم خواندن
Hochzeitskleid, das	*kâla arusi*	کالا عروسی

10. 2 Kleidungsarten

بخور به پسند خود، و بپوش به پسند مردم.

Bekhor ba pesand khod, wa be-posch ba pesand mardom.

| Das Essen sollte sich jeder selbst aussuchen, aber die Kleidung sollte er nach den Leuten (der Gesellschaft) aussuchen.]

1.(spöttisch) Auch wenn jemand alte Kleidung trägt, ändert es nicht an seinem edlen Wesen. 2 Auch wenn jemand so prächtig aussieht, sein guter bzw. schlechter Charakter ändert sich nicht.

Deutsch	Umschrift	Persisch
Unterhemd, das	*zir perhani*	زیر پیراهنی
Hemd, das	*perhan*	پیراهن
Pullover, der	*dschâkat*	جاکت
Anzug, der	*dreschi*	دریشی
Bluse, die	*belaus*	بالاتن
Mantel, der	*bâlâ posch*	با لا پوش
Jacke, die	*khurti*	کورتی
Sakko, das	*dreschi mardâna*	دریشی مردانه
Hemd, das	*perhan jakhan qâq*	پیراهن یخنقاق
Kleid, das	*lebâs*	لباس
Ledermantel, der	*bâla posch tscharmi*	بالا پوش چرمی
Wintermantel, der	*bâla posch zemistani*	بالا پوش زمستانی
Knopf, der	*dokma*	دگمه
Rock, der	*dâman*	دامن
Strumpf, der	*dschurâb*	جوراب
Jeans, die	*patlun khabi*	پطلون گوبای
Hose, die	*patlun*	تنبان
Badeanzug / Bikini, der	*mâjour*	مایو ر
Unterhose, die	*zir patluni*	زیر پطونی
Busenhalter, der	*siehna band*	سینه بند
Slip, der	*centuradsch*	سنتراج
Schlafanzug, der	*kâla khâb*	کالا خواب

10. 3 Schuharten und Materialen

در بیابان، کفش کهنه نعمت است.

Dar bijbân, kafsch kohna nehmat ast.

[In der Wüste ist ein Schuh eine Segen.]

(Philosophie/Lebenshaltung) Im Momenten großer Schwierigkeiten und Erschwernissen ist jedes kleine Mittel, Ding oder Zeichen voller Hoffnung.

Deutsch	Transkription	Farsi
Baumwolle, die	ponba	پنبه
Kattun, der	katân	کتان
Filz, der	namd	نمد
Satin, der	satien	ساتن
Seide, die	âbreschom	ابریشم
Leder, das	tscharm	چرم
Stoff, der	teka	تکه
Leine, die	tanâb / band bout	بند بود /طناب
Damenstiefel, der	moza zanâna	موزه زنانه
Pumps, die	but khuri beland	بوت کوری بلند
Sandalen, die	tschapli bandâr	چپلی بندار
Hausschuhe, die	bout khânagi	بوت خانگی
Schuhe putzen	rang kardan bout	رنک کردن بوت
Ballerina Schuhe, die	bout bedoun khuri	بوت بدون کوریئ
Halbschuh, der	kafsch mehmoli	کفش معمولی
Lederschuh, der	bout tscharmi	بوت چرمی
Sportschuh, der	bout warzeschi	بوت ورزشی
Stiefel, der	moza	موزه
Pantoffel, die	sarpâhi	سرپایی
Latschen, die	tschablaq	چپلک
Schuhgröße, die	ândaza bout	اندازه بوت

انواع بوت

10. 4 Schmuck und Accessoires

نامش اس و نشانش نی.

Nâm-sch as wa neschânsch ne.

Den Ruf (von etwas) haben, aber nicht dessen Zeichen (Charaktereigenschaften).

(bildungssprachlich) Äußerlich etwas zur Schau tragen, aber die Persönlichkeit und menschliche Stärke nicht dazu zu haben.

Geldbeutel, der	*baksag paisa*	بکسگ پیسه
Handtasche, die	*baksag dasti*	باکس دستی
Hut, der	*kolâh*	کلاه
Hosentasche, die	*dschib*	جیب
Schal, der	*schal*	شال
Regenschirm, der	*tschatri bârân*	چتری بارانی
Tschador, der	*tschâdar sar*	چادر سر
Brille, die	*ainak*	عینک
Armband, das	*dastband*	دستبند
Ohrring, der	*khusch-wâra*	گوشواره
Halskette, die	*gardan band*	گردن‌بند
Sonnenbrille, die	*ainak âftabi*	عینک آفتابی
Kopftuch, das	*rui sari*	روسری
Gürtel, der	*kamar band*	کمربند
Hosenträger, die	*band tumban*	بند تنبان
Krawatte, die	*nektâji*	نکتایی
Manschettenknopf, der	*dokhma sardast*	دکمه سردست
Schnalle, die	*sagak*	سگک
Verlobungsring, der	*tschla*	چله
Stickerei, die	*gol douzi*	گل دوزی
Fächer, das	*paka*	پکه
Handtuch, das	*dastmâl-e dast*	دستمال دست

KAPITEL 11

REISEN
UND
TOURISTIK

11. 1 Flughafen

رفتن دست خود آدم، پس آمدُن با دست خدا.

Raftan dast khod âdam, pas âmadan ba dast khodâ.

[Abreisen liegen in meine Hände, Rückkehr in Gottes Hand.]

(religiös) Die Abreise liegt in meiner Hand, die Rückkehr in Gottes.

میدان هوائی

Deutsch	Umschrift	Persisch
Auskunft, die	*mahloumat*	معلومات
Ankunft, die	*warid*	ورود
Flughafen, der	*maidan hawâji*	میدان هوائ
Besatzung, die	*khedamt theijara*	خدمه طیاره
Buchen, das	*reserv kardan*	رزرو کردن
Fluggesellschaft, die	*schirkat hawâ paimâi*	شرکت هواپیمایی
Flugkarte, die	*tiket theijara*	تکت طیاره
Flugzeug, das	*theijara*	طیاره
Handgepäck, das	*baks dasti*	بکس دستی
Landung, die	*neschastan*	نشستن
Notlandung, die	*furod etzarâri*	فرود اضطراری
Passagier, der	*musâfer*	مسافر
Abflug, der	*az zamin bar khâstan hawâ paima*	از زمین برخاستن هواپیما
Pilot, der	*pielot*	پیلوت
Stewardess, die	*mehmân dari hawâ paima*	مهماندار هواپیما
Sitzplatz, der	*dschai neschast*	جای نشستن
Verspätung, die	*takhair dâschtan*	تاخیر داشتن
Direktflug, der	*parwâz mustaqiem*	پرواز مستقیم
Visum, das	*wiezâ*	ویزا
Stempel, der	*mor*	مهر
Sicherheit, die	*âmnieyat*	امنیت

11. 2 Bahn

سفر نصف مرگ است.

Safar nesf marg ast.

[Reisen ist wie halb tot sein.]

(historisch) Die Redensart beruht auf den Erfahrungen von Reisenden, die Gefahren
wie Überfälle, Dürre oder wilden Tiere beim Reisen ausgesetzt waren.

قطار

Zug, der	*rail*	ریل
Ersatzwagen, der	*wâgon âzafi*	واگن اضافی
Bahnhof, der	*istadgah rail*	ایستگاه ریل
ZOB, der	*istadgah motar serwas*	ایستگاه موتر سرویس
Bahnsteig, der	*sokut râh rail*	سکوی راه ریل
Fahrplan, der	*barnâma harakat*	برنامه حرکت
Fahrkarte, die	*ticket*	تکت
Schwarz fahren, das	*bedoun ticket zuwar schodan*	بدون تکت سوار شدن
Gepäck, das	*baks (dasti)*	بکس (دستی)
Platz reservieren	*dschâi negah dâschtan*	جا نگداشتن
erste Klasse, die	*bakhsch âli*	بخش عالی
einsteigen	*zuwar schodan*	سوار شدن
absteigen	*pajâda schodan*	پیاده شدن
Haltestelle, die	*istadgah*	ایستگاه
Verspätung, die	*nâ waqt*	نا وقت
Schaffner, der	*kantrol kunda ticket*	کنترول گنده تکت
Entfernung, die	*fâsela*	فاصله
Reiseversicherung, die	*bemia safar*	بیمه سفر
Ausgang, der	*khorudsch*	خروج
Ansage, die	*kabar /âelan*	اعلان / خبر
pünktlich adj.	*sar waqt boudan*	سر وقت بودن
Bahnhofhalle, die	*tâlar istadgah rail*	تالار ایستگاه ریل

11. 3 Sehenswürdigkeiten

نزدیک نیا کی از تو بیزارم، دور نرو که از عشق تو بیمارم.

Nazdiek naja ke az tu bizaram, dur na rau ke az escheq tu bimaram.

Sei mir nicht zu Nahe, dass ich wegen dir sterbe, gehe mir aber auch nicht zu fern, sodass ich aus Liebeskummer sterbe..

Die Redensart weist auf die Gefühlslage der Menschen hin, die weder jemanden in ihrer Nähe haben wollen, noch die Distanz ertragen können.

Tourist, der	*turist*	توریست
Führer, der	*râh-nomâ*	راهنما
Eintrittskarte, die	*kart dekholi*	تاکت دخولی
Souvenir, das	*jadgâri*	یادگاری
Attraktion, die	*dschâleb / dieda ni*	دید نی / جالب
Stadt, die	*schar*	شهر
Gebäude, das	*schakhhtoman*	ساختمان
Turm, der	*burdsch*	برج
Schloss, das	*qasr*	قصر
Palast, der	*kokh*	کاخ
Festung, die	*qâla*	قلعه
Statue, die	*modschasema*	مجسمه
historisch adj.	*tarikhi*	تاریخی
Denkmal, das	*banâ târikhi*	بنا تاریخی
Innenstadt, die	*dakhel schahr*	داخل شهر
Geschäftsviertel, das	*manteqa tedscharti*	منطقه تجارتی
Stadtzentrum, das	*mar khaz schahr*	مرکز شهر
Gasse, die	*khutscha bariek*	کوچه باریک
Museum, das	*musjam*	موزیم
Rundfahrt, die	*ghascht schahri*	گشت شهری
Sehenswürdigkeit, die	*asr diedni*	اثار دیدنی

11. 4 Auf der Reise

رفیق در سفر شناخته می شه.

Rafeq dar safar schenkhata meh-scha.

[Den wahren Freund erkennt man während des Reisens.]

(Philosophie / Lebenshaltung) Während der Reise ist der Mensch vieler Gefahren und widrigen Umständen ausgesetzt und kann einen Freund sehr gut erkennen.

Reisen, das	*safar raftan*	سفر رفتن
Ausflug, der	*gardsch*	گردش
Reisebüro, das	*daftar musâfrati*	دفتر مسافرتی
buchen	*dar daftar sabt kardan*	در دفتر ثبت کردن
Mieten, das	*kerâja greftan*	کرایه گرفتن
Plan, der	*barnâhma*	برنامه
Strecke, die	*musâfat*	مسافت
Landkarte, die	*naqascha*	نقشه
Reiseführer, der	*râhnohmâ-je safar*	راهنمای سفر
Schlafsack, der	*toschak khoubi*	تشک خوابی
Reisepass, der	*passport*	پاسپورت
Devise, die	*âsar*	اسعار
Geld wechseln, das	*tadiel kardan pul*	تبدیل کردن پول
Ausweis, der	*tazkera*	تذکره
Passkontrolle, die	*kantroll passport*	کنترل پاسپورت
ausreisen	*safar kardan*	سفر کردن
einreisen	*wared kheschwar schodan*	وارد کشور شدن
Zoll, der	*komrok*	گمرک
Zollamt, das	*âdara komrok*	اداره گمرک
Grenze, die	*sarhad*	سرحد
Grenzpolizei, die	*poließ sarhadi*	پلیس سرحدی

در سفر

KAPITEL 12

ANHANG

12   REGISTER DEUTSCH - DARI   فهرست لغات آلمانی

Abend, der	schab / schâom	شام / شب
Abendessen, das	nân-e schab	نان شب
abfärben adj.	rang dâdan	رنگ دادن
Abflug, der	az zamien bar khâstan hawâ paima	از زمین برخاستن هواپیما
absagen	rad kardan	رد کردن
abschreiben	naqel kardan	نقل کردن
absteigen	pajâda schodan	پیاده شدن
abstürzen (herunter)	aftadan	افتادن
abwaschen	zarf schaui kardan	ظرفشویی کردن
achtens	haschtom	هشتم
Adler, der	oqâb	عقاب
Affe, der	schâdi	شادی
Afghanische Rothalbmond, der	dschamjat haliel âhmur	جمعیت هلال احمر
Aids	âeds	ایدز
Alarm, der	âlan khatar	اعلان خطر
Allergie, die (haben)	(dâschtan) hasâsejat	حساسیت (داشتن)
Allianz, die	ateâd	اتحاد
Aluminium, das	âlumienjam	آلومینیوم
Ameise, die	mortscha	مورچه
Amtszeit, die	daurân khedmat	دوران خدمت
Ananas, die	ânânas	آناناس
anbauen (Pflanzen)	khâschtan	کاشتن
Anfang, der	âghâz	آغاز
Angriff, der	hamala	حمله
ankommen	rasidan	رسیدن

Ankunft, die	warid	ورود
Ansage, die	kabar / âelan	اعلان / خبر
anvertrauen	dard del kardan	درد دل کردن
anvertrauen (Gegenstand)	tschize ra ba kase supordan	چیز را به کسی سپردن
anvertrauen (Geheimnis)	râz ra ba kas guftan	راز را با کس گفتن
anziehen (Kleidung)	poschiedan	پوشیدن
Anzug, der	dreschi	دریشی
Apfel, der	sib	سیب
Apfelsine, die	mâlta	مالته
Apotheke, die	dauwâ khâna	دوا خانه
Aprikose, die	zard âlu	زرد آلو
Ära die	esr	عصر
Arabische Liga, die	etehâdiya kheschwar arabi	اتحادیه کشورهای عرب
Arbeitszimmer, das	otâq kâr	اتاق کار
Armband, das	dastband	دستبند
Armut, die	faqir	فقر
Artenschutz, der	hafazat az dschânwurân	حفاظت از جانوران
Arztpraxis, die	moâyena khâna	معاینه خانه
Aschenbecher, der	segrit dâni	سگرت دانی
Ast, der	schâhkha	شاخه
Asthma, das	âsema	آسما
Atembeschwerden, die	nafas tangi	نفس تنگی
atmen	tanafos kardan	تنفس کردن
Atomsphäre, die	âtomsfar	اتمسفر
Atomwaffe, die	salâh âtomi	سلاح اتمی
Attraktion, die	dschâleb / dieda ni	دید نی / جالب

Deutsch	Dari (Umschrift)	Dari
Aubergine, die	bâd-dschân - sijâh	بانجان سیاه
aufforsten	dschangal sâzi kardan	جنگل‌سازی کردن
aufmerksam machen	mehtawadscha kardan	متوجه کردن
aufräumen	dscham kardan	جمع کردن
aufrechterhalten	hemat kardan	همت کردن
aufregen	asbâni schodan	عصبانی شدن
Aufstand, der	qhiejâm	قیام
Aufständische, der	schureschgar	شورشگر
aufstehen	barkhâstan	برخاستن
aufwecken	bedâr kardan	بیدار کردن
aufziehen	buzorg kardan	بزرگ کردن
Augenarzt, der	dâktar-e tscheschm	دکتر چشم
ausdrücken	bayân kardan	بیان کردن
Ausflug, der	gardsch	گردش
ausführen	edschâra kardan	اجرا کردن
Ausgang, der	khorudsch	خروج
aushalten	tâlqhat dschâstan	طاقت داشتن
Auskunft, die	mahloumat	معلومات
ausladen	khâli kardan	خالی کردن
auspacken (öffnen)	bâz kardan	باز کردن
auspressen	kaschidan âb miwa	کشیدن آب (میوه)
ausprobieren	emtân kardan	امتحان کردن
ausreisen	safar kardan	سفر کردن
Ausschalten, das	kâmosch kardan	خاموش کردن
Außenpolitik, die	syâsat khardschi	سیاست خارجی
aussprechen	talafoz kardan	تلفظ کردن

فهرست لغات آلمانی

Deutsch	Dari (Lautschrift)	Dari
Ausweis, der	tazkera	تذکره
auswendig lernen	az jad / hafez kardan	حفظ /از یاد کردن
Axt, die	tabar	تبر
Bach, der	dschu	جوی
backen	pokhtan	پختن
Bäcker, der	nânwâ	نانوا
Bäckerei, die	nânwâji	نانوایی
Badeanzug / Bikini, der	mâjour	مایو ر
baden	hamâm kardan	حمام کردن
Bahnhof, der	istadgah rail	ایستگاه ریل
Bahnhofhalle, die	tâlar istadgah rail	تالار ایستگاه ریل
Bahnsteig, der	sokut râh rail	سکوی راه ریل
Bakterie, die	mokruhb	مکروب
Balkon, der	bâkun	بالکن
Ballerina Schuhe, die	bout bedoun khuri	بوت بدون کوریئ
Banane, die	kila	کیله
Bank, die	darâz tschauki	دراز چوکی
Bär, der	khers	خرس
Bart, der	resch	ریش
Basilikum, das	rahân	ریحان
Baum, der	darakt	درخت
Baumstamm, der	tahna darakt	تنه درخت
Baumwolle, die	penba	پنبه
beabsichtigen	qasd kardan	قصد کردن
Becher, der	pijâla	پیاله
Becken, das	rascht	تشت

Deutsch	Dari (Umschrift)	Dari
Becken, das	*lagan*	لگن
bedeckt adj.	*âbri*	ابری
Bedrohung, die	*tahdid*	تهدید
befreien	*âzâd kardan*	آزاد کردن
begehren	*ârezo / tamanâ kardan*	آرزوه / تمنا کردن
beginnen	*schru kardan*	شروع کردن
begnadigen	*afwu kardan*	عفو کردن
begrenzen	*mahdud kardan*	محدود کردن
behandeln (medizinisch)	*mahledscha kardan*	معالجه کردن
Behandlung, die	*mahlscha*	معالجه
beharren	*pâ feschâri kardan*	پافشاری کردن
Beobachter, der	*nâzer*	ناظر
Berberitze, die	*zarschick*	زرشک
bereitstellen	*âmada kardan*	آماده کردن
bereuen	*peschimân schodan*	پشیمان شدن
Berg, der	*koh*	کوه
Bernstein, der	*kahrbâ*	کهربا
berufen	*sadâ kardan*	صدا کردن
berühren	*lamâs kardan*	لمس کردن
Besatzung, die	*âschkhalgier*	اشغال‌کر
Besatzung, die	*khedamt theijara*	خدمه طیاره
beschädigen	*khesâra rasândan*	خساره رساندن
beschlagnahmen	*zabt kardan*	ضبط کردن
beschränken	*mahdud kardan*	محدود کردن
Beschreibung, die	*taschrae*	تشریح
Beschwerdekommission, die	*kommision schekâyât entekhâbat*	کمیسیون شکایت انتخابات

Besen, der	dschâru	جارو
besiegen	schikast dâdan	شکست دادن
Bestandteil, der	dschuza	جزء
bestätigen (amtlich)	tasdiq kardan	تصدیق کردن
Besteck, das	qâschieq wa pandscha	قاشق و پنجه
bestehen aus	schâmla az (...) budan	شامل از (...) بودن
bestrafen	modschazârat kardan	مجازات کردن
Betäubung, die	behuschi	بیهوشی
beten	namâz khandan	نماز خواندن
betonen	tâkied kardan	تاکید کردن
betrügen	fareb dâdan	فریب دادن
Bett, das	takht	تخت
Bett, das	takht khaub	تخت خواب
Beule, die	pondidagi	پند یدگی
bevorzugen	tardscha kardan	ترجیح کردن
bewahren	hefazat kardan	حفاظت کردن
bewegen	harakat kardan	حرکت کردن
beweisen	sâbat kardan	ثبات کردن
bewölkt adj.	abr âulud	ابرآلود
bewusstlos adj.	behuschi	بی‌هوش
bezeugen	schâjad dâdan	شهادت دادن
Biene, die	zambur	زنبور
Bildschirm, der	mounietor	مونیتور
Binde, die	bandâj	بنداژ
Birne, die	nâk	ناگ
bitter adj.	talkh	تلخ

blass adj.	*kam rang*	کمرنگ
Blatt, das	*barg*	برگ
blau adj.	*âbi*	آبی
blauer Fleck, der	*kabuti*	کبودی
bluffen	*lâf zadan*	لف زدان
Blume, die	*gol*	گل
BlumenKohl, der	*golpi*	گل پی
Blumenstrauß, der	*dasti gol*	دسته گل
Blumentopf, der	*goldân*	گلدان
Bluse, die	*belaus*	بالاتن
Blüte, die	*schugufa*	شگوفه
bluten	*khun dâdan*	خون دادن
bluten	*khun riezi kardan*	خونریزی کردن
Blutuntersuchung, die	*âzmâesch khun*	آزمایش خون
Bogen, der	*kamân*	کومان
Bohne, die	*lubyâ*	لوبیا
Bombe, die	*bamb*	بمب
Botschaft, die	*sefârat*	سفارت
Botschafter, der	*safir*	سفیر
Boykott, der	*qaze râhbeta*	قطع رابطه
boykottieren	*qaze râhbeta kardan*	قطع رابطه کردن
Brand, der	*âtasch souzi*	آتش‌سوزی
braten	*byrân kardan*	بریان کردن
braten	*sorkh kardan*	سرخ کردن
brechen	*schekastan*	شکستن

فهرست لغات آلمانی

Breite, die	*hariz*	عرض
Brille, die	*ainak*	عینک
bringen	*âwardan*	آوردن
Bronze, die	*brounz*	برنز
Brotstück, das	*tekka nân*	تکه نان
brüllen	*dâd zadan*	داد زدن
buchen	*dar daftar sabt kardan*	در دفتر ثبت کردن
Buchen, das	*reserv kardan*	رزرو کردن
Büchse, die	*qouti*	قوطی
Bucht, die	*khelidsch*	خلیج
Bügeleisen, der	*otu*	اتو
Bulle, der	*gauw nar*	گاو نر
Bündnis, das	*paimân*	پیمان
bunt adj.	*rangâ rang*	رنگارنگ
Bürste, die	*brus*	برس
Busenhalter, der	*siehna band*	سینه بند
Cashewnuss, die	*bâdâm hindi*	بادام هندی
Chemische Waffe, die	*salâh schiemjâji*	سلاح شیمیایی
Chili, der	*mortsch tond*	مرچ تند
Chirurgie, die	*dschâri*	جراحی
Computerkenntnis, die	*âschnai ba kamputer*	آشنایی با کامپیوتر
Couch, die	*zieht kautsch*	سیت کوچ
Couchtisch, der	*miz tschâi khori*	میزچای خوری
Creme, die	*kriem*	کریم
Curry, der	*zardtschuba*	زرد چوبه
Currypulver, das	*zardtschuba (podar)*	زرچوبه (پودر)

فهرست لغات آلمانی

Deutsch	Dari	
Dach, das	bâm	بام
Dachboden, der	zir schirauân	زیر شیروان
Damenbekleidung, die	lebâs zanâna	لباس زناناً
Damenstiefel, der	moza zanâna	موزه زنانه
dämpfen	dschoschiedan	جوشیدن
dämpfen	bekâr dâdan	بخار دادن
Daten, die	etelhât	اطلاعات
Dattel, die	khormâ	خرما
Datum, das	târikh	تاریخ
Denkmal, das	banâ târikhi	بنا تاریخی
Dessert das / Nachspeise die	desert	دسر
Devise, die	âsar	اسعار
Diabetes, der	mariez schakar	مرض شکر
diagnostizieren	(biemâri) taschlez dâdan	تشخیص دادن (بیماری)
Diamant, der	âlmâs	الماس
Diät machen	rejem greftan	رژیم گرفتن
Diät, die	pariez	پرهیز
Dieb, der	dozd	دزد
dienen	khedmat kardan	خدمت کردن
Dienstag, der	Se-schambe	سه شنبه
dieses Jahr	emssal	امسال
Dill, der	schubet	شبت
Diplomat, der	dieplomât	دیپلمات
Direktflug, der	parwâz mustaqiem	پرواز مستقیم
dirigieren	hedâjat kardan	هدایت کردن
Distel, die	buteh kâr	بوته خار

Donnerstag, der	Pandsch-schambe	پنج شنبه
Dorn, der	kâr	خار
drängen	taht feschar qarar dada	تحت فشار قرار دادن
drehen	tscharkhiedan	چرخاندن
Dreieck, das	musalass	مثلث
Dritte/r	sewom	سوم
drohen	tahdid kardan	تهدید کردن
Drohne, die	hawâ paimâi bi sarneschien	هواپیمای بی‌سرنشین
drucken	tschâp kardan	چاپ کردن
Drucker, der	tschâp kar	چاپگر
Dschungel, der	dschangal	جنگل
Duft, der	bui khusch	بوی خوش
dulden	saber kardan	صبر کردن
dunkel adj.	tariek	تاریک
dunkelblau adj.	sourmaji	سورمه ای
Durchfall, der	esahl	اسهال
Dürre, die	khescht sâl	خشکسالی
Dusche, die	dousch	دوش
duschen	dousch greftan	دوش گرفتن
Duschgel, das	douschgiel	دوش کیل
Dutzend, das	dardschan	درجن
Ebbe und Flut die, die	dschzar - o mad	جزر ومد
echt	kahles	خالص
Echte Trauerweide	darakt madschnun bied	درخت مجنون بید
Ecke, die	goscha	گوشه
editieren	waurâesch	ویرایش

ehren	ehterâm kardan	احترام کردن
Ei, das	tokm	تخم
Eidechse, die	sousmâr	سوسمار
eilen	adschala kardan	عجله کردن
ein Achtel	jak-e bar hascht	یک بر هشت
ein Drittel	jak- e bar se	یک بر سه
ein Fünftel	jak-e bar pandsch	یک بر پنج
ein halb	nefs	نصف
ein Neuntel	jak-e bar noh	یک بر نه
ein Sechstel	jak-e bar schisch	یک بر شش
ein Siebtel	jak-e bar haft	یک بر هفت
ein Viertel	jak-e bar tschahâr	یک بر چهار
ein Zehntel	jak-e bar da	یک بر ده
einladen	dawât kardan	دعوت کردن
einmischen, sich	modâkhela kardan	مخلوط کردن
einreisen	wared kheschwar schodan	وارد کشور شدن
Einschalten, das	ruschan kardan	روشن کردن
einschleusen	makhfiehâna nufuz kardan	مخفیانه نفوذ کردن
einsteigen	zuwar schodan	سوار شدن
Eintrittskarte, die	kart dekholi	تاکت دخولی
Eis, das	jakh	یخ
Eisen, das	âhan	آهن
Elch, der	gauw zan schmâli	گوزن شمالی
Elefant, der	fil	فیل
elektronisch Überwachung, die	nazarat elektronieki	نظارت الکترونیکی
empfehlen	sefâresch kardan	سفارش کردن

empfehlen	tousa kardan	توصیه کردن
empfinden	ehsass kardan	احساس کردن
Ende, das	âkher	آخر
Energie, die	enerji	انرژی
eng adj.	tang	تنگ
Ente, die	morgh âbi	مرغابی
Entfernung, die	fâsela	فاصله
entführen	âkhtesâf kardan	اختطاف کردن
entmutigen	delsard kardan	دلسرد کردن
entscheiden	tasmim kardan	تصمیم گرفتن
entwaffnen	khale sâlah kardan	خلع سلاح کردن
Entwaffnung, die	khale sâlah	خلع سلاح
Entzündung, die	eltahâb	التهاب
Epilepsie, die	bimârie sâri	بیماری ساری
Epoche, die	daurân	دوران
Erbse, die	nakhod	نخود
Erdbeben, das	zelzula	زلزله
Erdbeere, die	tout-e zamini	توت زمینی
Erde, die	zamin	زمین
Erdnuss, die	dschal ghuza je pâkistâni	جلغوزه پاکستانی
Erfolg haben	peschraft daschtan	پیشرفت داشتن
erheben, sich	bâlâ kardan	بالا بردن
erholen	esterâhat kardan	استراحت کردن
erinnern	ab jâd âuwardan	به یاد آوردن
Erkältung, die	riezesch	ریزش
erlauben	edschâza dâdan	اجازه دادن

ermutigen	*taschwiq kardan*	تشویق کردن
Erneuerbare Energien, die	*ânsar golkhâna bargascht pazier*	احساس کردن
erneuern	*nau kardan*	نو کردن
erniedrigen	*touhien kardan*	توهین کردن
ernten	*hasl bardschastan*	حاصل برداشتن
Erosion, die	*fresâjesch*	فرسایش
erpressen	*haghl ol sokut greftan*	حق‌السکوت گرفتن
Erpressung, die	*haghl ol sokut*	حق‌السکوت
erröten	*sorkh schodan*	سرخ شدن
Ersatzwagen, der	*wâgon âzafi*	واگن اضافی
erschüttern	*takân dâdan*	تکان دادن
ersetzen	*dschâi neschin kardan*	جانشین کردن
Erste Hilfe	*komakhai âwalja*	کمک‌های اولیه
erste Klasse, die	*bakhsch âli*	بخش عالی
Erste/r	*awal*	اول
ersticken	*khafa kardan*	خفه کردن
ertragen	*tahmol kardan*	تحمل کردن
ertrinken	*gharq schodan*	غرق شدن
erzählen	*qesa kardan*	قصه کردن
Esel, der	*khâr*	خر
Essig, das	*serka*	سرکه
Esstisch, der	*miz ghezâ khori*	میز غذاخوری
Etage, die	*manzel*	منزل
Eule, die	*bom*	بوم
Europäische Union, die	*etehâdiya auroupâ*	اتحادیه اروپا

Fach, das	qafas	قفس
Facharzt, der	daktar-e mutakhasus	دکتر متخصص
Fächer, das	paka	پکه
Faden, der	târ	تار
Fahrkarte, die	ticket	تکت
Fahrplan, der	barnâma harakat	برنامه حرکت
Fahrstuhl, der	left	لفت
Falke, der	bâscha	باشه
Falle, die	tâlak	تلک
Fälschung, die	taqalub	تقلب
Farbe, die	rang	رنگ
farblich passen	rang ba ham khwandân	رنگ با هم خواندن
Fasan, der	morgh-e daschti	مرغ داشتی
Faser, die	nahk	نخ
Feder, die	par	پر
Feige, die	ândschir	انجیر
feilschen	tschâna zadan	چانه زدن
Felsen, der	sakhra	صخره
Fenchel, der	bâdjân	بادیان
Fenster, das	killkien	کلکین
Festnahme, die	dastgier	دستگیری
Festung, die	qâla	قلعه
feucht adj.	martoub	مرطوب
Feuer, das	âtsch	آتش
Feuerstein, der	sang tschkhmaqh	سنگ چخماق
Feuerzeug, das	leitar	لیتر

feurig adj.	tond wa tiez	تند و تیز
Fieber, das (haben)	tab (tab dâschtan)	(تب) تب داشتن
Figur, die	ândâm	اندام
Filz, der	namd	نمد
Fingerabdruck, der	asar ânguscht	اثر انگشت
Fläche, die	sath	سطح
Fladenbrot, das	nân kâhsa	نان خاصه
Flaschenöffner, der	sar bâz kun	سر بازکن
Flaschenöffner, der	sar bâz kun	سر بازکن
Fleischwolf, der	mâschin guscht	ماشین گوشت
Fliege, die	magas	مگس
fliehen	gorekhtan	گریختن
fliehen	farâr kardan	فرار کردن
Floh, der	kaik	کیک
Flügel, der	bâl	بال
Fluggesellschaft, die	schirkat hawâ paimâi	شرکت هواپیمایی
Flughafen, der	maidan hawâji	میدان هوائ
Flugkarte, die	tiket theijara	تکت طیاره
Flugzeug, das	theijara	طیاره
Flur, der	dahliez	دهلیز
Fluss, der	daryâ	دریا
Flut, die	sehl	سیل
föhnen	mui khuschk kardan	موخشک کردن
folgen	dumbâl kardan	دنبال کردن
Folter, die	schkandscha	شکنجه
fördern	hamâjat kardan	حمایت کردن

Form, die	schakl	شکل
formlos adj.	bedoun schakl	بدون شکل
Förster, der	dschangal bân	جنگل بان
fortfahren	ba harakat edâma dâdan	به حرکت ادامه دادن
fortschreiten	pesch raftan	پیش رفتن
fortschreiten	taraqi kardan	پیشرفت کردن
fortsetzen	edâma dâdan	ادامه دادن
Fracking, das	schicksetagi hai haidar wa lieki	شکستگی‌های هیدرولیکی
fragen	sowâl kardan	سئوال کردن
Frauenarzt, der	daktâr-e zanân	دکتر زنانه
freilassen	rehâ kardan	رها کردن
Freitag, der	dschoma	جمعه
Frieden, der	sohl	صلح
friedlich adj.	sohl dschu	صلح‌جو
frisch adj.	tâza	تازه
Front, die	dschaba	جبهه
Frosch, der	baqa	بقه
Frost, der	jakhbandân	یخبندان
Frucht, die	zamara	ثمره
Frühling, der	bahâr	بهار
Frühstück, das	tschai sobh /nâschtâ / sobhâna	صحبانه / ناشتايي / چای صبح
Fuchs, der	rubâ	روباه
fühlen, sich	hes kardan	حس کردن
Führer, der	râh-nomâ	راهنما
Fülle, die	pori	پری
Fundamentalismus, der	bonyâdgieri	بنیادگرایی

Deutsch	Dari (Umschrift)	Dari
fünftens	pandschom	پنجم
Gabel, die	pandscha	پنجه
Gang, der	bând	بند
Gans, die	gâz	غاز
Gänseblümchen, das	mienai tschmani	مینای چمنی
gar adj.	khâm	خام
Garage, die	gâhrâtsch	گاراچ
Gardine, die	parda	پرده
Gärtner, der	baghbâhn	باغبان
Gasse, die	khutscha bariek	کوچه باریک
Gebäck, das	koltscha	کلوچه
Gebäude, das	sakh-tomânan	ساختمان
Gebiet, das	mantaqa	منطقه
Gebirge, das	kohestan	کوهستان
Gefahr, die	khatar	خطر
Gefängnis, das	zendân	زندان
Gefecht, das	dargieri	درگیری
gegrillt adj.	briyan schoda	بریان شدن
Gehirnwäsche, die	schist oschu maghzi	شستشوی مغزی
gehorchen	eta at kardan	اطاعت کردن
Geier, der	kalmorgh	کل مرخ
Geiselnahme, die	geraugân garie	گروگان گیری
geistig adj.	fekri	فکری
gelb adj.	zard	زرد
Gelbsucht, die	zardi	زردی

فهرست لغات آلمانی

Deutsch	Dari (Umschrift)	دری
Geld ausgeben	*khardsch pul kardan*	پول خرج کردن
Geld wechseln, das	*tadiel kardan pul*	تبدیل کردن پول
Geldbeutel, der	*baksag paisa*	بکسگ پیسه
gelingen	*kâmiyâb budan*	کامیاب بودن
Gemütszustand, der	*wazjaht rui*	وضعیت روحی
genehmigen	*tâjied kardan*	تایید کردن
Generalsekretär, der	*dabier koll*	دبیر کل
Generation, die	*nasl*	نسل
genesen	*schafâ paidâ kardan*	شفا پیدا کردن
Gepäck, das	*baks (dasti)*	بکس (دستی)
gerade	*râst*	راست
gerade adj.	*mostaqiem*	مستقیم
Gesandte, der	*ferestâda*	فرستاده
Geschäftsviertel, das	*manteqa tedscharti*	منطقه تجارتی
geschehen	*wâqeh schodan*	واقع شدن
Geschirrspüler, der	*mâschin zarf schui*	ماشین ظرفشوئی
Geschlechtskrankheit, die	*bimârie dschensi*	بیماری جنسی
Gestalt, die	*zâher*	ظاهر
Gestern	*diruz*	دیروز
gestern Abend	*dischab*	دیشب
gesund adj.	*sâlem*	سالم
Gesundheit, die	*salâmati*	سلامتی
Gewalt, die	*khoschunat*	خشونت
Gewebe, das	*bâft*	بافت
Gewicht, das	*wazn*	وزن
Gießkanne, die (Toilette)	*âftâba*	آفتابه

Gipfel, der	qola koh	قله کوه
Giraffe, die	zarâfa	زرافه
glänzend	dschalâdar	جاله دار
Glas, das	gilâs	گیلاس
glätten	hamwâr kardan	هموار کردن
glätten	hamwar kardan	هموار کردن
Gleichgewicht, das	mauâza / toâzan	توازن / موازنه
Gletscher, der	yakhtschal tabijti	یخچال طبیعی
global adj.	dschâhni	جهانی
glorifizieren	tadschliel kardan	تجلیل کردن
Gold, das	telâ	طلا
golden adj.	telâji	طلایی
Gottesanbeterin, die	gahwâra dschnabân	گهواره جنبان
graben	kandan	کندن
Grad, der	daradscha	درجه
Granatapfel, der	anâr	انار
Granit, der	sang kâhra	سنگ خارا
Gras, das	sabza	سبزه
gratulieren	tabrik goftan	تبریک گفتن
grau adj.	khâkestari	خاکستری
Grenze, die	sarhad	سرحد
Grenze, die	sarhad	سرحد
Grenzpolizei, die	poließ - e sarhadi	پلیس سرحدی
Grenzpolizei, die	poließ sarhadi	پلیس سرحدی
Grille, die	dschir dschirak	جیرجیرک
grillen	kabâb kardan	کباب کردن

Deutsch	Dari (Umschrift)	Dari
Grippe, die	griep	گریپ
Größe (Umfang), die	washat	وسعت
Größe, die (Höhe)	qad	قد
grün adj.	sabz	سبز
Grünwiese, die	sabza zâr	سبزه زار
Guerilla, der	tscharik	چریک
Gurke, die	bâdrang	بادرنک
Gürtel, der	kamar band	کمربند
Haarausfall, der	razesch mui	ریزش مو
Haarbürste, die	brus mui	برس مو
Haarschnitt, der	âraiesch mui	آرایش مو
Hagel, der	jala	ژاله
Hahn, der	khorâs	خروس
Halbinsel, die	niema dschazira	نیمه جزیره
Halbkreis, der	niehm dâira	نیم‌دایره
Halbschuh, der	kafsch mehmoli	کفش معمولی
Hälfte, die	niem	نیمه
Hals-Nase-Ohren-Arzt, der	daktâr-e gusch wa halgh wa binie	دکتر گوش و حلق و بینی
Halskette, die	gardan band	گردن‌بند
Haltestelle, die	istadgah	ایستگاه
Hammer, der	tschakosch	چکش
hämmern	tschkhosch zadan	چکش زدن
Hamster, der	hamstar	همستر
Hände waschen	dast schestan	دست شستن
Handelsbeziehung, die	râhbita tschârati	رابطه تجارتی

Handelsembargo, das	*tariem tedschâri*	تحریم تجاری
Handgepäck, das	*baks dasti*	بکس دستی
Handtasche, die	*baksag dasti*	باکس دستی
Handtuch, das	*destmâl*	دستمال
Handtuch, das	*dastmâl-e dast*	دستمال دست
Hardware, die	*sakht âfzrâr*	افزارسخت
Harnuntersuchung, die	*âzmâyesch âdrar*	آزمایش ادرار
Haselnuss, die	*tschahâr maghz gejâhi*	چهار مغز گیاهی
hassen	*nefrat dâschtan*	نفرت داشتن
Haushalthilfe, die	*khedmat kâr khâna dahri*	خدمت کار خانه داری
Hausschuhe, die	*bout khânagi*	بوت خانگی
Hebamme, die	*qâbela*	قابله
Hefe, die	*khamir mâja*	خمیرمایه
heilen	*schâfa jâftan / schâfa daadan*	شفا دادن/ شفایافتن
heiß adj.	*dâgh*	داغ
heiter adj.	*âtabi*	آفتابی
Hektar, der + das	*hektâr*	هکتار
hell adj.	*roschan*	روشن
hellsehen	*fâl didan*	دیدن‌فال
Hemd, das	*perhan*	پیراهن
Hemd, das	*perhan jakhan qâq*	پیراهن یخنقاق
Henne, die	*mâkiyân*	ماکیان
Herbst, der	*khazân*	خزان
Herd, das	*dasch*	داش
Herrenbekleidung, die	*lebâs mardanâ*	لباس مردانه
Herzanfall, der	*hamla qalbi*	حمله قلبی

Heuschrecke, die	*malakh*	ملخ
heute	*emruz*	امروز
heute Abend	*amischab*	امشب
Himmel, der	*âsmân*	آسمان
himmelblau adj.	*âbi âsmâni*	آبی آسمانی
Himmelsrichtung, die	*dschât âsli*	جهات اصلی
Hinterhalt, der	*kamengah*	کمینگاه
Hirsch, der	*gawzan nar*	گوزن نر
historisch adj.	*tarikhi*	تاریخی
Hitze, die	*garmi schadid*	گرمی شدید
Hitze, die	*garmi zijâd*	گرمای زیاد
Hochwasser, das	*sehlâb*	سیلاب
Hochzeitskleid, das	*kâla arusi*	کالا عروسی
Hocker, der	*tschahâr pâia*	چهارپایه
Höhe, die	*belândi*	بلندی
Höhepunkt, der	*noqta âudsch*	نقطه اوج
Holz, das	*tschub*	چوب
Honig, der	*hasal*	عسل
Honigmelone, die	*karbuza*	خربزه
Hose, die	*patlun*	تنبان
Hosentasche, die	*dschib*	جیب
Hosenträger, die	*band tumban*	بند تنبان
Hügel, der	*tapa*	تپه
Huhn, das	*morgh*	مرغ
Humanitäre Hilfe, die	*komamkhai âsanan dostâni*	کمک‌های انسان دوستانه
Hund, der	*sag*	سگ

husten	sorfa kardan	سرفه کردن
Hut, der	kolâh	کلاه
Ideologie, die	edolujschi	ایدئولوژی / مسلک
Igel, der	kharposcht	خارپشت
ignorieren	nâdieda greftan	نادیده گرفتن
Imperialismus, der	emparielisum	امپریالیسم
Impfstoff, der	wâksiehn	واکسین
importieren	warid kardan	وارد کردن
in Erinnerung rufen	ba khatera auwardan	به خاطر آوردن
Infektion, die	ebtlâ / serâhat	ابتلا / سرایت
Ingwer, der	zandschfiel	زنجبیل
Innenstadt, die	dakhel schahr	داخل شهر
Insel, die	dschazira	جزیره
Installation, die	nasib	نصب
Installieren, das	nasib kardan	نصب کردن
internationale Beobachter, der	nâzer beinolmelâli	ناظر بین‌المللی
Internationale Konferenz, die	konferanz beinolmelâli	کنفرانس‌های بین‌المللی
Internist, der	daktar-e dakheli	دکتر داخلی
intervenieren	dekhâlat kardan	دخالت کردن
Invasion, die	tahâdschum	تهاجم
Jacke, die	khurti	کورتی
Jade, der+die	jeschem	یشم
jagen	schkâr kardan	شکار کردن
Jahr, das	sâl	سال
Jahresende, das	âkher sâl	آخر سال

Jahreszeit, die	fasl sâl	فصل سال
Jahrhundert, das	qarn	قرن
jährlich adj.	sâlana	سالانه
Jahrtausend, das	hazâra	هزاره
Jahrzehnt, das	daha	دهه
Jeans, die	patlun khabi	پطلون گوبای
jede Nacht	har schab	هر شب
jeden Tag	har ruz	هر روز
Judasbaum, der	darakt arkhoân	درخت ارغوان
Kalb, das	gusâla	گوساله
Kalender, der	dschantari	جنتری
kalkulieren	mâseba kardan	محاسبه کردن
kalt adj.	sard	سرد
Kälte, die	sardi	سردی
Kamel, das	schotor	شتر
Kamin, der	bekhâri diuwâri	بخاری دیواری
Kamm, der	schâhna	شانه
kämmen	schâhna kardan	شانه کردن
Kammer, die	otâq kohtschak	اتاق کوچک
kämpfen	dschangidan	جنگیدن
Kandidat, der	nāmzad	نامزد
Kaninchen, das	khargusch	خرگوش
Kanne, die	tschainak	چاینک
Kante, die	kenâra	کناره
Kardamom, der	hel	هیل
Kardinalzahl, die	hadad âzahli	عدد اصلی

Deutsch	Dari (Umschrift)	Dari
Karotte, die	zardak	زردک
Kartoffel, die	katschâlu	کچالو
Kaschmir, der	kaschmir	کشمیر
Katastrophe, die	fadscha	فاجعه
Katastrophengebiet, das	mantaqa fadscha	منطقه فاجعه
Kattun, der	katân	کتان
kauen	dschwiedan	جوئیدن
kaufen	kharidan	خریدن
kehren	dschâru kardan	جارو کردن
Keks, der	bisket	بیسکویت
Kelle, die	mâlaqa karâi	ملاقه کرا ئی
kennen lernen	âschna schodan	آشنا شدن
Kichererbse, die	nakhod zard	نخود زرد
kidnappen	âdam rabâji kardan	آدم ربایی کردن
Kiefer, die	darakt nadscho	درخت ناجو
Kilogramm, das	kielugram	کیلوگرام
Kinderarzt, der	daktar-e atfâl	دکتر اطفال
Kinderlähmung, die	fâldsch-atfâl	فلج اطفال
Kirsche, die	gelâs	گیلاس
kitzeln	qet, qetak dâdan	قتگ دادن،قت
klar adj.	schafâf	شفاف
klauen	dozididan	دزدیدن
Kleid, das	lebâs	لباس
Kleidergröße, die	ândaza kâla	اندازه کا لا
Kleiderschrank, der	almâri lebâs	الماری لباس
Kleidung waschen, die	rokht schestan	رخت شستن

Koriander, der	kaschinjaz	گشنیز
Korinthe, die	kheschmesch raza siyâ	کشمش ریز سیاه
Kork, der	tschubi punba	چوب‌پنبه
korrigieren	eslâh kardan	اصلاح کردن
Kot, der (Schaf, Ziege)	peschkel	پشکل
Kraft nehmen	qhuwat greftan	قوت گرفتن
Die Krähe / der Rabe	zägh	زاغ
Krampf, der	greftagi hazla	گرفتگی عضله
Krankenhaus, das	schâfa khâna	شفا خانه
Krankenschwester, die	nars	نرس
Krankenwagen, der	âmbulance	آمبولانس
Krankheit, die	marizi	مریضی
kratzen	khâridan	خراشیدن
Krawatte, die	nektâji	نکتایی
Kreis, der	dâira	دایره
kreuzigen	ba salib kaschidan	به صلیب کشیدن
Kreuzkümmel, der	zehr sabz	زیره سبز
kriechen	khazidan	خزیدن
Kriechtier, Reptil das	khazinda	خزنده
Kriminalität, die	dschânaitkari	جنایتکاری
Kriminalpolizei, die	poließ dschâji	پلیس جنایی
Kristall, das	kristâll	کریستال
Krokodil, das	korkodiel	کروکودیل
Krug, der	khuza	کوزه
Küchentisch, der	zieht âschpaz khâna	سیت آشپزخانه
Kuh, die	gâuw	گاو

120

Kühlschrank ,der	jakh tschâl	یخچال
Küken, das	dschudscha	جوجه
Kulturattaché, die	wâhbasta farhangi	وابسته فرهنگی
Kümmel, der	zira	زیره
künstlich adj.	masnaui	مصنوعی
Kürbis, der	kadu	کدو
kurz adj.	kotâh	کوتاه
Labor, das	labrorwator	لابراتوار
Lähmung, die	fâldsch	فلج
Lamm, das	barrah	بره
Land, das	sarzamin	سرزمین
Landkarte, die	naqascha	نقشه
Landschaft, die / Panorama, das	manzâra	منظره
Landung, die	neschastan	نشستن
Länge, die	toul	طول
Lapislazuli, der	lâdschward	لاجورد
Laptop, der	lapthup	لپ تاپ
Latschen, die	tschablaq	چپلک
Laub, das	barg-e darakt	برگ درخت
Laus, die	schpesch	شپش
Laus, die	hespesch	اشپش
lebensbedrohlich adj.	khatar hâijat	خطر حیاتی
Lebensweise, die	schiewua zendagi	شیوه زندگی
Lebenszeichen, das	nuschan zendagi / halamat zendagi	علامت زندگی / نشانه زندگی
Leder, das	tscharm	چرم
Ledermantel, der	bâla posch tscharmi	بالا پوش چرمی

121

Lederschuh, der	*bout tscharmi*	بوت چرمی
lehren	*dars dâdan*	درس دادن
Leibwächter, der	*mahfez schakhsi*	محافظ شخصی
Leid, das	*randsch*	رنج
leiden	*randsch burdan*	رنج بردن
Leine, die	*tanâb / band bout*	بند بود /طناب
Leopard, der	*palang*	پلنگ
lernen	*âmokhtan*	آموختن
Libelle, die	*bambirak*	بمبیرک
Lilie, die	*zanbaq*	زنبق
Linie, die	*khat*	خط
Lippenstift, der	*lab srien*	لب سرین
loben	*setâyesch kardan*	ستایش کردن
Locke, die	*halga mui*	حلقه مو
Löffel, der	*qâschoq*	قاشق
löschen	*pak kardan*	پاک کردن
Lösegeld, das	*pul naqd*	پول نفد
lösen	*hal kardan*	حل کردن
Löwe, der	*scher*	شیر
Luft, die	*hawâ*	هوا
Luftdruck, der	*fuschâr hawâ*	فشار هوا
Luftwaffe, die	*nehrau hawâi*	نیروی هوائی
Magengeschwür, das	*zahkm medha*	زخم معده
Magenschmerzen, die	*mehda darad*	معده درد
mahlen	*ârd kardan*	آرد کردن

Mahlzeit, die	waqt nân	وقت نان
Make-up, das	âraiesch	آرایش
Malaria, die	mâlarja	مالاریا
Mandel, die	bâdâm	بادام
Mango, die	am	ام
Maniküre, die	âraiesch (nâkhun) dast	آرایش (ناخن) دست
Manschettenknopf, der	dokhma sardast	دکمه سردست
Mantel, der	bâlâ posch	با لا پوش
Margeriten, die	gol-e mina	گل مینا
Marienkäfer, der	falbienak	فالبینک
Markieren, das	alâmat gozari kardan	علامت‌گذاری کردن
Marmelade, die	morabâ	مربا
marschieren	marsch kardan	مارش کردن
Masern, die	sorkha-khân	سرخکان
Maß, das	ândâza	اندازه
Massage, die	mâsâjh	ماساژ
Massaker, das	kheschtar dastdschami	کشتار دستجمعی
Material, das	mauwâd	مواد
Maulbeere, die	tout	توت
Maus, die	mousch	موش
Maximum, das	balâtarien	بالاترین
Medikament, das	dauwâ	دوا
Meer, das	bâhr	بحر
Meerenge, die	tangana âbi	تنگنا آبی
mehr als	beschtar az	بیشتر از
Mehrheit, die	aksaryat	اکژیت

Meise, die	*qartscha*	قرچه
Menge, die	*maqhdâr*	مقدار
Messer, das	*kard / tschaqu*	چاقو / کارد
metallisch adj.	*felizi*	فلزی
Mieten, das	*kerâja greftan*	کرایه گرفتن
mild adj.	*molâyem*	ملایم
Militärattaché, die	*wâhbasta nazâmi*	وابسته نظامی
Miliz, die	*schabe nazâmi*	نظامی (ملیثه‌شبه)
Minderheit, die	*aqaliyat*	اقلیت
Minute, die	*daqiqa*	دقیقه
Minze, die	*nânâ*	نعناع
missachten	*be etharâmi kardan*	بی احترامی کردن
Mitgliedsstaat, der	*kheschwar ozwe*	کشور عضو
Mittag, der	*nemruz*	نیمروز
Mittagessen, das	*nân-e tschâscht*	نان چاشت
Mitternacht, die	*nemschab*	نیمه شب
Mittwoch, der	*tschahâr -schambe*	چهارشنبه
Möbel, die	*mobil*	مبل
Mode, die	*mod*	مد
Mohn, der	*kaschkâsch*	خشخاش
Mohnanbau, der	*khescht khaschkhasch*	کشت خشخاش
Mohnblume, die	*gol kaschkâsch*	گل خشخاش
Monate, die	*mâh*	ماه
monatlich adj.	*mâhânah*	ماهانه
Mond, der	*mâh*	ماه
Mondstein, der	*hadschar alqmar*	حجرالقمر

Deutsch	Dari (Umschrift)	Dari
Montag, der	du - schambe	دوشنبه
Moos, das	khaza	خزه
Mord, der	qhatal	قتل
morgen	fardâ	فردا
morgen	sahba	صبح
morgen Abend	fardâ schab / sahba	صبح / فردا شب
morgen abend	fardâ schab	فردا شب
Morgendämmerung, die	sahar	سحر
morgens	sobhâna	صبح‌ها
Mücke, die	pascha	پشه
Müllbeutel, der	kiesa âschkhâl	کیسه آشغال
Museum, das	musjam	موزیم
Muskatnuss, die	dschuz	جوز
nachahmen	taqlied kardan	تقلید کردن
Nachmittag, der	bad az zahr	بعد از ظهر
Nachrichtendienst, der	rasjat amaniyat meli	ریاست امنیت ملی
Nächste Woche, die	digar hafta	دیگر هفته
nächstes Jahr	sâl âyneda	سال آینده
Nacht, die	schab	شب
Nachtigall, die	bobol	بلبل
nächtlich / abends	schabâna	شبانه
nackt adj.	lotsch	لوچ
Nagel, der	mekh	میخ
Nagellack, der	rang nâkhun	رنگ ناخن
Nagellack, der	rang-e nâkhun	رنگ ناخن
nähen	dokhtan	دوختن

nähen	dokhtan	دوختن
Näherei, die	khyâti kardan	خیاطی کردن
Nähmaschine, die	teschrekh khijâti	چرخ خیاطی
Narkose, die	bi-huschi	بیهوشی
Narzisse, die	gol-e nargis	گل نرگس
nass adj.	tar	تر
Nationale Armee, die	ordui meli	اردوی ملی
Nationalpark, der	pârk meli	پارک ملی
Natur, die	tabijat	طبیعت
Naturschutz, der	hafez manbah tahbi	حفظ منابع طبیعی
Naturschutzgebiet, das	mantaqa hafez manâba tahbi	منطقه حفظ منابع طبیعی
Nebel, der	ghoubâr	غبار
neblig adj.	abrâlud	ابرآلود
neuntens	nohom	نهم
Nickel, der	nikel	نکل
Niederlage, die	schkast	شکست
Norden, der	schamâl	شمال
nördlich adj.	schamâli	شمالی
Notlandung, die	furod etzarâri	فرود اضطراری
Notrufnummer, die	nomra telfon adschl	نمره تلفن عاجل
Obst, das	miwa	میوه
Ofen, der	bekhâri	بخاری
offenbaren	aschkâr kardan	آشکار کردن
Ohrring, der	khusch-wâra	گوشواره
ökonomische Beziehung, die	râhbita eghtesâdi	رابطه اقتصادی
Okra, die	bâmiya	بامیه

Olive, die	*zaitun*	زیتون
Ölweiden, die	*sendschit*	سنجد
Opal, der	*hain alschmesch*	عین‌الشمس
Operation, die	*hamaliejat*	عملیات
Opfer, das	*qurbâni*	قربانی
orange adj. (Farbe)	*nârendschi*	نارنجی
Orange, die	*narendsch*	نارنج
ordnen	*munazum kardan*	منظم کردن
Oregano, der	*pona kohae*	پونه کوهی
Organisation der islamischen Konferenz, die	*sâzmân hamkâri eslami*	سازمان همکاری اسلامی
organisch adj.	*ândami / hozoui*	عضوی / اندامی
Original, das	*âsil*	اصل
Osten, der	*scharq*	شرق
östlich adj.	*scharqi*	شرقی
oval adj.	*bahzai schakl*	شکل بیضی
Ozean, der	*oqiyânus*	اقیانوس
Palast, der	*kokh*	کاخ
Pantoffel, die	*sarpâhi*	سرپایی
Papagei, der	*totä*	طوطی
parallel adj.	*mauâzi*	موازی
Parfum, das	*hatir*	عطر
Parlamentswahl, die	*entekhâbat madschles nomâiendgan*	انتخابات مجلس نمایندگان
Parteimitglied, der	*ozwe hesib*	عضو حزب
Passagier, der	*musâfer*	مسافر
passen	*dschur âmadan*	جورآمدن

فهرست لغات آلمانی

Passkontrolle, die	kantroll passport	کنترل پاسپورت
Patient, der	bimâr / mâriez	مریض / بیمار
Perücke, die	mui-e sâkhtagi	موی ساختگی
Pfanne, die	tokm pâzi/karâi	کرائی /تخم پزی
Pfau, der	tâus	طاووس
Pferd, das	asb	اسب
Pfirsich, die	schaft-alu	شفتالو
Pflanze, die	nâbat	نبات
Pflaume, die	âlu	آلو
Phase, die	marhâla	مرحله
Pilot, der	pielot	پیلوت
Pilz, der	samarogh	سمارق
Pinienkerne, die	dschal khuza	جلغوزه
Pistazie, die	pesta	پسته
pistaziengrün adj.	sabz-e pestâi	سبز پسته ای
plädieren	dâkhâhi kardan	داد خواهی کردن
Plan, der	barnâhma	برنامه
Planet, der	qamr	قمر
Plastik, die	palâstiek	پلاستک
plastische Operation, die	dschâri plâsitiek	جراحی پلاستک
Platanen, die	darakt tschunâr	درخت چنار
Platin, das	telâ safed	طلای سفید
Platz reservieren	dschâi negah dâschtan	جا نگداشتن
plündern	tschpawoll kardan	چپاول کردن
Pole, die	qubt	قطب
Polieren, das	thieqel dâdan	صیقل دادن

128

Deutsch	Dari (Transkription)	Dari
Polizei, die	poließ	پلیس
Präsidentschaftswahl, die	entekhâbat rejes daschmur	انتخابات رئیس‌جمهور
pressen	feshâr dâdan	فشار دادن
proben	tekrâr kardan	تکرار کردن
Prognose, die	peschbini	پیش‌بینی
Programmieren, das	barnâma nausi kardan	برنامه‌نویسی کردن
prophezeien	peschgui kardan	پیشگویی کردن
protestieren	etrâz kardan	اعتراض کردن
Prozent, das	fiesad	فیصد
prozentual adj.	fiesadi	فیصدی
psychisch adj.	ruâni	روانی
publizieren	nascher dâdan	نشر دادن
Puder, das	podar	پودر
Pullover, der	dschâkat	جاکت
Pumps, die	but khuri beland	بوت کوری بلند
Punkt, der	noqta	نقطه
pünktlich adj.	sar waqt boudan	سر وقت بودن
Quadrat, das	mouraba	مربع
Quadrat, der	muraba	مربع
quälen	zadschir diedan	زجر دادن
Quelle, die	tscheschma	چشمه
Quitte, die	behi	بهی
Rache, die	enteqâm	انتقام
rächen	enteqâm greftan	انتقام گرفتن
Rasierapparat, der	mâschien resch tarâschi	ماشین ریش تراشی
Rasiercreme, die	kriem resch tarâschi	کریم ریش تراشی

فهرست لغات آلمانی

فهرست لغات المانی

rasieren	*tarschidan*	ترشیدن
rasieren, sich	*resch tarâschiedan*	ریش تراشیدن
Ratte, die	*mosch sahrahi*	موش صحرای
rauben	*rabudan*	ربودن
Raubvogel, der	*parenda schakâri*	پرنده شکاری
realisieren	*amali kardan*	عملی کردن
rebellieren	*schuresch kardan*	شورش کردن
Rebellion, die	*schuresch*	شورش
Rebhuhn, das	*qamara*	قمری
Rechner, der	*komputer*	کامپیوتر
Rechteck, das	*mastasiel*	مستطیل
Recycling, das	*bâzyaftan*	بازیافت
redigieren	*warâesch kardan*	ویرایش کردن
Regal, das	*qafs / tâq*	طاق / قفس
Regen, der	*bârân*	باران
Regen, der	*bârân bâradan*	باران
Regenbogen, der	*kamân rustam*	گمان رستم
Regenschirm, der	*tschatri bârân*	چتری بارانی
Registrierung, die	*sabt nām*	ثبت نام
Reh, das	*âuwu*	آهو
reiben	*mâlidan*	مالیدن
reif adj.	*rasida / pokhta*	پخته / رسیده
reinigen	*pak kardan*	پاک کردن
Reinigungsmittel, das	*pudar schestoschu*	پودر شستشو
Reisebüro, das	*daftar musâfrati*	دفتر مسافرتی
Reisen. das	*safar raftan*	سفر رفتن

Reisepass, der	*passport*	پاسپورت
Reiseversicherung, die	*bemia safar*	بیمه سفر
Reisführer, der	*râhnohmâ-je safar*	راهنمای سفر
reparieren	*tayâr kardan*	تعمیر کردن
repräsentieren	*nomâyendagi kardan*	نمایندگی کردن
retten	*nedschât dâdan*	نجات دادن
Rettich, der	*muli*	ملی
revoltieren	*schuresch kardan*	شورش کردن
Rezept, das	*noskha dauwâ*	نسخه دوا
Rhabarber, der	*rawâsch*	رواش
Rind, das	*gâuw*	گاو
Risiko, das	*khatar*	خطر
Rock, der	*dâman*	دامن
Rohrzucker, der	*naischkar*	نیشکر
Rohstoff, der	*mada ghâm*	ماده خام
Röntgenbild, das	*haks ba âscha âhks*	عکس با اشعه ایکس
rosa-rot adj.	*golābi*	گلابی
Rose, die	*gol-e golâb*	گل گلاب
Rosine, die	*keschmesch*	کشمش
rösten adj.	*sorkh kardan*	سرخ کردن
rot adj.	*sorkh*	سرخ
Rübe, die	*schalgham*	شلخم
Rubin, der	*(sorkh) yâqout*	یاقوت (سرخ)
Rückenschmerzen, die	*kamar darad*	کمردرد
rund adj.	*gerd*	گرد
Rundfahrt, die	*ghascht schahri*	گشت شهری

Deutsch	Dari	دری
Safran, der	safrân	زعفران
Säge, die	ârah	اره
Sahne, die	qaimâq	قیماق
Sakko, das	dreschi mardâna	دریشی مردانه
Salz, das	namak	نمک
salzig adj.	namaki	نمکی
Samstag, der	schambe	شنبه
Sandalen, die	tschapli bandâr	چپلی بندار
sandfarben (beige) adj.	zard-e schiri	زرد شیری
Sandsturm, der	tufân rig	طوفان ریک
Sanitäter, der	parstâr	پرستار
sanktionieren	tarmien kardan	تحریم کردن
Saphir, der	yâqout kabot	یاقوت کبود
Satin, der	satien	ساتن
säubern	pakt kardan	پاک کردن
Sauce, die	sahs	سس
sauer adj.	torsch	ترش
Sauerkirsche, die	âlu bâlu	الو بالو
Schachtel, die	qauti	قوطی
Schadstoff, der	mâda mozur	ماده مضر
Schaf, das	gusfand	گوسفند
schaffen	khaleq kardan	خلق کردن
Schaffner, der	kantrol kunda ticket	کنترول گنده تکت
Schal, der	schal	شال
Schälchen, das	kâsa khutschak	کاسه کوچک
Schale, die	post	پوست

schälen	post kardan	پوست کندن
schälen	post kandan	پوست کندن
schämen	khedschâlat kaschidan	خجالت کشیدن
schärfen	tiz kardan	تیز کردن
Schatten, der	sâja	سایه
Schaum, der	kaf	کف
Scheibe, die	schiescha	شیشه
Scheitel, der	farqh sar	فرق سر
Schere, die	qaitschi	قیچی
schieben	tela kardan	تیله کردن
schief adj.	kadsch	کج
Schießen, das	tirândâzi	تیراندازی
Schildkröte, die	sangpescht	سنگ پشت
schimpfen	dschnâm dâdan	دشنام دادن
Schlacht, die	dschang	جنگ
Schlafanzug, der	kâla khâb	کالا خواب
Schlafsack, der	toschak khoubi	تشک خوابی
Schlafzimmer, das	otâq khâb	اتاق خواب
Schlaganfall, der	sagta mahkzi	سکته مغزی
schlagen	zadan	زدن
Schlange, die	mâr	مار
Schlinge, die	damm	دم
Schloss, das	qasr	قصر
Schlüssel, der	kelid	کلید
schmal adj.	bârik	باریک
schmeißen	andâkhtan	انداختن

schmelzen	*âb schodan*	آب شدن
Schmerz, der	*darad*	درد
Schmetterling, der	*schâhparak*	شاپرک
schminken, sich	*âraiesch kardan*	آرایش کردن
schmoren	*bâ harârat molyem poktan*	با حرارت ملایم پختن
schmücken	*zinat kardan*	زینت دادن
schmuggeln	*qâtschâq borden*	قاچاق بردن
Schnalle, die	*sagak*	سگک
Schnecke, die	*halazun*	حلزون
Schnee, der	*barf*	برف
Schneesturm, der	*tufân barfi*	طوفان برف
Schneidebrett, das	*takhta bresch*	تخته برش
schneiden	*boridan*	بریدن
Schneiderei, die	*khâjati*	خیاطی
schneidern	*khajâti kardan*	خیاطی کردن
schneien	*barf bâridan*	برف باریدن
Schock, der	*schock*	شوک
Schrank, der	*almâri*	الماری
Schreibtisch, der	*miz tarier*	میز تحریر
schreien	*farjâd zadan*	فریاد زدن
Schublade, die	*rauhak miz / almâri*	روک میز /الماری
Schuhe putzen	*rang kardan bout*	رنگ کردن بوت
Schuhgröße, die	*ândaza bout*	اندازه بوت
Schüssel, die	*kâsa*	کاسه
schützen	*hafazat kardan*	حفاظت کردن
Schützengraben, der	*zangar*	سنگر

schwach adj.	*zajief*	ضعیف
Schwalbe, die	*khotschi*	غچی
Schwan, der	*qhau*	قو
schwarz adj.	*sijâh*	سیاه
Schwarz fahren, das	*bedoun ticket zuwar schodan*	بدون تکت سوار شدن
Schwein, das	*khok*	خوک
Schweiß, der	*haraqh*	عرق
Schwellung, die	*pondidian*	پندیدگی
schwindelig adj.	*gans*	گنس
sechstens	*schischwom*	ششم
See, der	*bâhiera*	بحیره
seelisch adj.	*rui*	روحی
segnen	*barkat daadan*	برکت دادن
Sehenswürdigkeit, die	*asr diedni*	اثار دیدنی
Seide, die	*âbreschom*	ابریشم
Seife, die	*sâboun*	صابون
Sekunde, die	*sânja*	ثانیه
Selbstbestimmungsrecht, das	*hagh tasmiem geri*	حق تصمیم گیری
Selbstmordattentäter, der	*ânthari*	انتحاری
Senf, der	*khardel*	خردل
senkrecht adj.	*humodi*	عمودی
servieren	*safra gestardan*	سفره گستردن
Sessel, der	*khautsch jak nafari*	کوچ یک نفری
Shampoo, das	*schâmpo*	شامپو
brechen	*estufragh kardan*	استفراغ کردن
sich rühmen	*dap kardan*	دپ کردن

فهرست لغات آلمانی

Sicherheit, die	âmnieyat	امنیت
Sicherheitsrat, der	schorâri âminjat	شورای امنیت
sichten	tamâschâ kardan	تماشا کردن
sieben	lakkardan	الک کردن
sieben	âlek kardan	الک کردن
siebtens	haftom	هفتم
sieden	dschosch kardan	جوش کردن
silber adj.	noqraji	نقره ای
Silber, das	noqra	نقره
singen	âwaz khandan	آواز خواندن
sitzen	neschestan	نشستن
Sitzplatz, der	dschai neschast	جای نشستن
Skorpion, der	khajschdom	گژدم
Slip, der	centuradsch	سنتراج
Smaragd, der	zamarod	زمرد
Sofa, das	tschauki du nafari	چوکی دو نفری
Software, die	narm âfzrâr	نرم‌افزار
Soja, die	sojâ	سویا
Soldat, der	sarbâz	سرباز
Solidarität, die	hambastagi	همبستگی
Sommer, der	tâbestân	تابستان
Sonderbotschafter, der	ferestâda wieja	فرستاده ویژه
Sonne, die	aftâb	آفتاب
Sonnenaufgang, der	tolo-e âftab	طلوع آفتاب
Sonnenblume, die	gol-e âftab parast	گل آفتاب پرست
Sonnenbrille, die	ainak âftabi	عینک آفتابی

Deutsch	Dari (Transkription)	Dari
Sonntag, der	jak - schambe	یکشنبه
Souvenir, das	jadgâri	یادگاری
souverän adj.	mustaqell	مستقل
spalten	az ham dsch-dâ kardan	از هم جدا کردن
späte Abend, der	nâwaqt schab	شب‌نا وقت
später	pasântar	پسانتر
später	na-waqt	نا وقت
Speicher, der	hâfeza komputer	حافظه کامپیوتر
speisen	gheza khordan / nân	نان / غذا خوردن
spekulieren	ândischidan	اندیشیدن
Sperling/ Spatz, der	gondschischk	گنجشک
spezifizieren / konkretisieren	moschakas kardan	مشخص کردن
Spinat, der	pâlak	پالک
Spinne, die	dschulâ	جولا
Spion, der	dschâsus	جاسوس
Spionage, die	dschâsusi	جاسوسی
Sportschuh, der	bout warzeschi	بوت ورزشی
Sprechstunde, die	waqt molâqât	وقت ملاقات
springen	par zadan	پریدن
Spülbecken, das	zarf schui	ظرفشویی
Spule, die	zarfschui	ظرفشویی
spülen	ba âb schestan	با آب شستن
Spülmittel, das	mâi zarfschui	مایع ظرفشویی
Stachel, der	khâr	خار
Stadt, die	schar	شهر
Stadtzentrum, das	mar khaz schahr	مرکز شهر

Deutsch	Dari (Umschrift)	دری
Statue, die	modschasema	مجسمه
Staub, der	gerdu-o khâk	گردوخاک
Staubsauger, der	dschâru barqi	جارو برقی
Staudamm, der	band âb	بند آب
stechen	ferour kardan / nesch zadan	فرو کردن / نیش زدن
Stempel, der	mor	مهر
Steppe, die	halafzâr	علفزار
sterben	faut kardan	فوت کردن
Stern, der	setâra	ستاره
Stewardess, die	mehmân dari hawâ paima	مهماندار هواپیما
Stichwahl, die	entekhâbat naheyi	انتخابات نهایی
Stickerei, die	gol douzi	گل دوزی
Stiefel, der	moza	موزه
Stier, der	gawn nar	گاو نر (وحشی)
stillen	tschup kardan	آرام کردن
Stimme, die	râi	رای
Stockwerk, das	tabaqa	طبقه
Stoff, der	teka	تکه
Stofffetzen, der	teka / pârtscha	پارچه / تکه
Stoffladen, der	teka forschi	تکه فروشی
Storch, der	laglag	لک‌لک
Straftat, die	hamal kalâf qânoun	عمل خلاف قانون
Strand, der / Küste, die	sâhl	ساحل
Straßenkampf, der	nabard khejabani	نبرد خیابانی
Strategie, die	estratiji	استراتژی
Strauch, der	buteh	بوته

Strauß, der	schotormorgh	شترمرغ
streben	tâlasch kardan	تلاش کردن
streben nach	pâlidan	پالیدن
Strecke, die	musâfat	مسافت
Streitbeilegung, die	hâl akhtelâf	حل اختلاف
Strumpf, der	dschurâb	جوراب
Stück, das	dâna	دانه
Stück, das	partscha	پارچه
Treppenstufe, die	pata	پته زینه
Stuhl, der	tschauki	چوکی
Stunde. die	zahat	ساعت
Sturm, der	tufân	طوفان
Substanz, die	hazer / mâda	عنصر / ماده
subtrahieren	manfi kardan	منفی کردن
suchen	deschto dschu kardan	جستجو کردن
Süden, der	dschonub	جنوب
südlich adj.	dschonubi	جنوبی
Südosten, der	dschonub scharq	جنوب شرق
Südwesten, der	dschonub gharb	جنوب غرب
Summe, die	dschm	جمع
Sumpf, der	mordâb	مرداب
Suppe, die	soup	سوپ
Suppenlöffel, der	qâschoq soup khori	قاشق سوپ‌خوری
symbolisieren	neschâni kardan	نشانی کردن
Tablett, das	patnoss	پطنوس

Deutsch	Dari (Umschrift)	دری
Tag, der	ruz	روز
täglich adj.	har ruz	هر روز
tagsüber adj.	dar dschrjân ruz	در جریان روز
Taktik, die	taktiek	تاکتیک
Tanne, die	darakt sanubar	درخت صنوبر
Taschenlampe, die	tschârgh dâsti	چراغ داستی
Taschentuch, das	dastmâl	دستمال
Tasse, die	pjâla	پیاله
Tastatur, die	safa kiled	صفحه کلید
Täter, der	madschurm	مجرم
Tau, der	schabnam	شبنم
Taube, die	kabutâr	کبوتر
Tausendfüßler, der	hâzar pâi	هزارپا
Tee kochen	tschai dam kardan	چای دم کردن
Teekanne, die	tschainak	چایناک
Teichhuhn, das	qaschqal	قشقال
Teig, der	khamir	خمیر
Teil, das	qesmat	قسمت
teilen	taqsim kardan	تقسیم کردن
Teller, der	beschqâb	بشقاب
Temperatur, die	harârat	حرارت
tendieren	motamâel bodan	متمایل بودن
Teppich, der	qâlin	قالین
Termin, der	qarâr molâqât	قرار ملاقات
Terrorist, der	terrorist	تروریست
Textverarbeitung, die	pardâzesch matn	پردازش متن

Deutsch	Dari (Lautschrift)	Dari
Thymian, der	*pondiena*	پودنیه
Tippen, das	*tâip kardan*	تایپ کردن
Tischdecke, die	*rui mizi*	رومیزی
Toilettenpapier, das	*khâgaz taschnâb*	کاغذ تشناب
Tomate, die	*bâhndschan -e rumi*	بانجنان رومی
Topas, der	*topâz*	توپاز
Topf, der	*dig*	دیگ
Torte, die	*kiek*	کیک
Tourist, der	*turist*	توریست
tragen	*bordan*	بردن
tragen	*lebâs poschiedan*	لباس پوشیدن
Traube, die	*ângur*	انگو
Treibhauseffekt, der	*gâzai golkhâna hai*	گاز های گل خانه ای
Trichter, der	*qief*	قیف
trocken adj.	*khuschk*	خشک
Trockenfrucht, die	*miwâ khuschk*	میوه خشک
Truthahn, der	*filmorgh*	فیل مرغ
Tschador, der	*tschâdar sar*	چادر سر
Tulpe, die	*gol-e lâla*	گل لاله
tun	*andscham dâdan*	انجام دادن
Tür, die	*dar*	در
türkis adj.	*firuzajâi*	فیروزه ای
Turm, der	*burdsch*	برج
Turmalin, der	*tourmâlien*	تورمالین
Türschloss, das	*qolef*	قفل
üben	*tamrien*	تمرین کردن

فهرست لغات آلمانی

überfahren	*zahr greftan*	زیر گرفتن
übergeben	*tahwil kardan*	تحویل دادن
überleben	*zenda mândan*	زنده ماندن
übermorgen	*pas fardâ*	پس‌فردا
überreden	*qâne kardan*	قانع کردن
übersetzen	*tardschoma kardan*	ترجمه کردن
Überwachung, die	*marâqabat*	مراقبت
Ufer, das	*kenâr daryâ / lab ab*	کناره دریا
Uhr, die	*zahat*	ساعت
um Hilfe rufen	*komak khastan*	کمک خواستن
Umland, das	*âtraf*	اطراف
mischen	*makhloud kardan*	مخلوط کردن
Umwelt, die	*mohait-e zist*	محیط زیست
Umweltschutz, der	*hafazat mohait- sajist*	حفاظت محیط زیست
ungekocht adj	*napokhta*	نپخته
Unkraut, das	*halaf hazra*	علف هرزه
unpassend adj.	*nâ menâseb / bi dschai*	نامناسب / بی‌جا
unterbrechen	*qatat kardan*	قطع کردن
unterdrücken	*taht feschâr auwardan*	تحت فشار آوردان
unterdrücken	*zolm kardan*	ظلم کردن
unterhalten	*sobat kardan*	صحبت کردن
Unterhemd, das	*zir perhani*	زیر پیراهنی
Unterhose, die	*zir patluni*	زیر پطونی
unterscheiden	*farq dâschtan*	فرق داشتن
untersuchen	*âzmyâsch kardan*	آزمایش کردن
untersuchen	*moâjena kardan*	معاینه کردن

Unwetter, das	tufân	طوفان
Vase, die	goldân	گلدان
Veilchen, das	benafscha	بنفشه
Ventilator, der	hawâ khasch	هواکش
veraltet adj.	kohna / qadimi	کهنه / قدیمی
verändern	taqhire schakel dâdan	تغییر شکل دادن
verängstigen	tarsândan	ترساندن
Verband, der	pânsmân	پانسمان
verbessern	eslâh kardan	اصلاح کردن
verbieten	mana kardan	ممنوع کردن
verbleiben	bâqi mandan	با قی ماندن
Verbrechen, das	dschnâijat	جنایت
verdienen	dar âmad dâschtan	در آمد داشتن
vereinfachen	âsân kardan	آسان کردن
Vereinten Nationen, die	sâz-e mân melal mehtehâd	سازمان ملل متحد
verfaulen	kharâb / fasid schodan	خراب شدن / فاسد شدن
verfolgen (strafrechtlich)	taqib kardan	تعقیب کردن
verführen	wasâs kardan	وسوسه کردن
vergessen	farâmosch kardan	فراموش کردن
Vergewaltigung, die	tadschwuz dschensi	تجاوز جنسی
vergleichen	moqâisa kardan	مقایسه کردن
verhandeln	mohâmâla kardan	معامله کردن
Verhandlung, die	mohzâkra kardan	مذاکره کردن
verhindern	mâne schodan	مانع شدن
Verkehrspolizei, die	poließ tarâfiekt	پلیس ترافیک
verkünden / deklarieren	elân kardan	اعلان کردن

فهرست لغات آلمانی

verkürzen	*kotâh kardan*	کوتاه کردن
verlängern	*tamdid kardan*	تمدید کردن
Verletzung, die	*zakhem*	زخم
Verlobungsring, der	*tschla*	چله
Vermeidung, die	*pariez*	پرهیز
vermieten	*kerâya greftan*	کرایه دادن
verraten	*khiejânat kardan*	خیانت کردن
versagen	*nâkam mandan*	ناکام ماندن
verschlingen	*balidan*	بلعیدن
Verschmutzung, die	*âlloudagi*	آلودگی
verschreiben	*nokhsa dâdan*	نسخه دادن
verschütten	*rekhtan*	ریختن
verschwenden	*nâbud kardan*	نابود کردن
verschwenden	*gom schodan*	گم شدن
versehen	*khalat kardan*	خطا کردن
Versöhnung, die	*âschti*	آشتی
Verspätung, die	*takhair dâschtan*	تاخیر داشتن
Verspätung, die	*nâ waqt*	نا وقت
verspotten	*maskhara kardan*	مسخره کردن
verstecken	*pinhân kardan*	پنهان کردن
Verstopfung, die	*qabzijat*	قبضیت
verstoßen (gegen Gesetz)	*takhalof kardan (qanoun)*	خلاف کردن (قانون)
verteidigen	*defa kardan*	دفاع کردن
vertrauen gewinnen	*etemad dschalb kardan*	اعتماد جلب کردن
verursachen	*bâheiß schodan*	باعث شدن
verwalten	*edâra kardan*	اداره کردن

verwanzen	*mekrafon rah makhfijana nasb kardan*	میکروفن را مخفیانه نسب کردن
verwenden	*estemtâl kardan*	استفاده کردن
verzeihen	*bakhschiedan*	بخشیدن
verzichten	*enkâr kardan*	انکار کردن
vierte/r	*tschahârum*	چهارم
Viertelstunde, die	*rabe zahat*	ربع ساعت
violett adj.	*benafsch*	بنفش کمرنگ
Visum, das	*wiezâ*	ویزا
Vogel, der	*parenda*	پرنده
Vogelnest, das	*lâna*	لانه
Vollversammlung, die	*Dschalsa homumi*	جلسه عمومی
Volumen, das	*hadschom*	حجم
Von Jahr zu Jahr	*sal ba sal*	سال به سال
Vorhersage, die	*peschbini*	پیش‌بینی
vorhersagen	*pesch-bini kardan*	پیش بینی کردن
vorschlagen	*peschnehâd kardan*	پیشنهاد کردن
Vorspeise, die	*pesch ghezza*	پیش‌غذا
vorstellen	*mâorefi kardan*	معرفی کردن
vorstellen (Person)	*moarefi kardan*	معرفی کردن
vorwerfen	*motahem kardan*	متهم کردن
Vulkan, der	*âtsch-feschân*	آتشفشان
Vulkanausbruch, der	*faurân âtschfeschân*	فوران آتشفشان
Vulkankrater, der	*dahân âtsch-feschân*	دهانه آتشفشان
Waage, die	*tarâzu*	ترازو
waagerecht adj.	*âfaqi*	افقی

Wache, die	*mahfez / negahbân*	نگهبان / محافظ
wachsen	*ruschid kardan*	رشد کردن
Wachtel, die	*bodana*	بودنه
Waffe, die	*salâh*	سلاح
Waffenstillstand, der	*âtaschbas*	آتش‌بس
wagen	*dschora dâschtan*	جرائت کردن
wählen	*entekhâb kardan*	انتخاب کردن
Wahlkandidat, der	*nāmzad entekhâbati*	نامزد انتخاباتی
Wahlkommission, die	*kommision entekhâbat*	کمیسیون انتخابات
Wahllokal, das	*mehal râigieri*	محل رای‌گیری
Wahlrecht, das	*hag râi*	حق رای
Wal, der	*nehang*	نهنگ
Waldgebiet, das	*mantaqa dschangali*	منطقه جنگلی
Waldsterben, das	*nâbod dschangal*	نابودی جنگل
Walnuss, die	*tschahâr maghz*	چهار مغز
Wand, die	*diwâr*	دیوار
Wanduhr, die	*zâhat diwâr*	ساعت دیواری
warm adj.	*garm*	گرم
Wärme, die	*garmi*	گرمی
Wartezimmer, das	*otâq entezâr*	اتاق انتظار
Wäsche waschen, die	*kâhla schestan*	کالا شستن
waschen	*schestan*	شستن
waschen	*schestuschu kardan*	شستشو کردن
Waschpulver, das	*pudar lebâs schoui*	پودر لباس‌شویی
Wasserfall, der	*âb-schâr*	آبشار
Wasserhahn, der	*schier dahân âb*	شیر دهان آب

فهرست لغات آلمانی

Deutsch	Dari	
Wassermelone, die	tarbuz	تربوز
Watte. die	ponba	پنبه
Weg, der	râh	راه
wegwerfen	dor ândâkhtân	دور انداختن
Wehe, die	darad	درد
wehen	waziedan	وزیدن باد
wehen	damiedan	دمیدن
wehtun	darad kardan	درد کردن
weich adj.	narm	نرم
Weinrebe, die	tahk	تاک
weiss adj.	safid	سفید
weit adj.	goschâd	گشاد
Welle, die	maudsch	موج
Wellensittich, der	morgh escheq	مرغ عشق
Welt, die	dschâhan	جهان
Weltbank, die	bânk dschâhni	بانک جهانی
weniger als	kamtar az	کمتر از
werfen	andâkhtan	انداختن
Werktag, der	ruz kâri	روز کاری
Wespe, die	qauw zambur	گاو زنبور
Westen, der	gharb	غرب
westlich adj.	gharbi	غربی
Wetter, das	hawâ	هوا
Wettrüsten, das	musâbeqa taslahti	مسابقه تسلیحاتی
widerhallen	enekâs kardan (sada)	انعکاس کردن (صدا)
wiedererkennen	dubâra schenâkhtan	دوباره شناختن

wiederherstellen	*baz sâzi kardan*	بازسازي کردن
Wiese, die	*tschman*	چمن
wild adj.	*wahschi*	وحشی
Wind, der	*bâd*	باد
Wind, der	*bâd*	باد
Windel, die	*pamparz*	پمپرز
windig adj.	*bâdi*	بادی
Winkel, der	*zâuja*	زاویه
Winter, der	*zemestân*	زمستان
winterlich adj.	*zemestâni*	زمستانی
Wintermantel, der	*bâla posch zemistani*	بالا پوش زمستانی
Wirtschaftsembargo, das	*tariem eghtesâdi*	تحریم اقتصادی
wissen	*dânestan*	دانستن
Woche, die	*hafta*	هفته
wöchentlich adj.	*har hafta*	هر هفته
Wohlbefinden, das	*sâlmati wa râfa*	سلامتی و رفاه
Wohnzimmer, das	*otâq neschiman*	اتاق نشیمن
Wolf, der	*gorg*	گرگ
Wolke, die	*abri*	ابر
wolkig adj.	*abrâlud*	ابر
Wunde, die	*zakhm*	زخم
würdig sein	*layeq dâschtan*	لایق داشتن
Wurm, der	*kerm*	کرم
Wurzel, die	*rescha*	ریشه
würzen	*âdua zadan*	ادویه زدن
Wüste, die	*dascht*	دشت

Zahl, die	*tahdied*	تعداد
zahm adj.	*âhli*	اهلی
Zahnbürste, die	*bors-e dandân*	برس دندان
Zahncreme, die	*kriem-e dandân*	کریم دندان
Zähneputzen, das	*dandân schestan*	دندان شستن
Zahnschmerzen, die	*dandân darad*	دندان‌درد
Zebra, das	*khorkhar*	گورخر
Zecke, die	*kana*	کنه
zehntens	*dahom*	دهم
Zeitraum, der	*mohdad zâman*	مدت زمان
Zentralheizung, die	*markaz garmi*	مرکز گرمی
zerhacken	*teka teka kardan*	تکه تکه کردن
zerkleinern	*khurd kardan*	خرد کردن
zerknittert adj.	*metschla kardan*	مچاله کردن
zerschneiden	*rieza kardan*	ریزه کردن
zerstören	*nâbud kardan*	نابود کردن
zerstören	*az bein bordan*	از بین بردن
Zeuge, der	*schâd*	شاهد
Ziege, die	*boz*	بز
Ziegel, der	*khescht*	خشت
Zimt, der	*dârdschien*	دارچین
Zinn, das	*nâq*	قلع
Zitrone / Limone, die	*limo*	لیمو
zivil adj.	*ghair nezâmi*	غیرنظامی
Zivilgesellschaft, die	*dschâma madani*	جامعه مدنی

فهرست لغات آلمانی

Deutsch	Dari (Umschrift)	Dari
Wiese, die	tschman	چمن
wild adj.	wahschi	وحشی
Wind, der	bâd	باد
Wind, der	bâd	باد
Windel, die	pamparz	پمپرز
windig adj.	bâdi	بادی
Winkel, der	zâuja	زاویه
Winter, der	zemestân	زمستان
winterlich adj.	zemestâni	زمستانی
Wintermantel, der	bâla posch zemistani	بالا پوش زمستانی
Wirtschaftsembargo, das	tariem eghtesâdi	تحریم اقتصادی
wissen	dânestan	دانستن
Woche, die	hafta	هفته
wöchentlich adj.	har hafta	هر هفته
Wohlbefinden, das	sâlmati wa râfa	سلامتی و رفاه
Wohnzimmer, das	otâq neschiman	اتاق نشیمن
Wolf, der	gorg	گرگ
Wolke, die	abri	ابر
wolkig adj.	abrâlud	ابر
Wunde, die	zakhm	زخم
würdig sein	layeq dâschtan	لایق داشتن
Wurm, der	kerm	کرم
Wurzel, die	rescha	ریشه
würzen	âdua zadan	ادویه زدن
Wüste, die	dascht	دشت

KAPITEL 13

REGISTER

	âb schodan	آب شدن
	âb wa hawâ	آب و هوا
...all, der	âb-schâr	آبشار
blau adj.	âbi	آبی
himmelblau adj.	âbi âsmâni	آبی آسمانی
Feuer, das	âtsch	آتش
Waffenstillstand, der	âtaschbas	آتش بس
Brand, der	âtasch souzi	آتش سوزی
Vulkan, der	âtsch-feschân	آتشفشان
Ende, das	âkher	آخر
Jahresende, das	âkher sâl	آخر سال
kidnappen	âdam rabâji kardan	آدم ربایی کردن
stillen	tschup kardan	آرام کردن
Make-up, das	âraiesch	آرایش
Maniküre, die	âraiesch (nâkhun) dast	آرایش (ناخن) دست
schminken, sich	âraiesch kardan	آرایش کردن
Haarschnitt, der	âraiesch mui	آرایش مو
mahlen	ârd kardan	آرد کردن
begehren	ârezo / tamanâ kardan	آرزه / تمنا کردن
befreien	âzâd kardan	آزاد کردن
befreien	âzâd kardan	آزاد کردن
Harnuntersuchung, die	âzmâyesch âdrar	آزمایش ادرار
Blutuntersuchung, die	âzmâesch khun	آزمایش خون
untersuchen	âzmyâsch kardan	آزمایش کردن
vereinfachen	âsân kardan	آسان کردن
Asthma, das	âsema	آسما

Himmel, der	âsmân	آسمان
Versöhnung, die	âschti	آشتی
offenbaren	aschkâr kardan	آشکار کردن
kennen lernen	âschna schodan	آشنا شدن
Computerkenntnis, die	âschnai ba kamputer	آشنایی با کامپیوتر
Anfang, der	âghâz	آغاز
Sonne, die	aftâb	آفتاب
Gießkanne, die (Toilette)	âftâba	آفتابه
heiter adj.	âtabi	آفتابی
Verschmutzung, die	âlloudagi	آلودگی
Album, das	âlbum	آلبوم‌ها
Pflaume, die	âlu	آلو
Aluminium, das	âlumienjam	آلومینیوم
bereitstellen	âmada kardan	آماده کردن
zubereiten	âmada kardan	آماده کردن
Krankenwagen, der	âmbulance	آمبولانس
lernen	âmokhtan	آموختن
Ananas, die	ânânas	آناس
Eisen, das	âhan	آهن
Reh, das	âuwu	آهو
singen	âwaz khandan	آواز خواندن
bringen	âwardan	آوردن
Infektion, die	ebtlâ / serâhat	ابتلا / سرایت
wolkig adj.	abrâlud	ابر
Wolke, die	abri	ابر
neblig adj.	abrâlud	ابرآلود

فهرست لغات دری

bewölkt adj.	abr âulud	ابرآلود
bedeckt adj.	âbri	ابری
Seide, die	âbreschom	ابریشم
Wartezimmer, das	otâq entezâr	اتاق انتظار
Schlafzimmer, das	otâq khâb	اتاق خواب
Arbeitszimmer, das	otâq kâr	اتاق کار
Kammer, die	otâq kohtschak	اتاق کوچک
Wohnzimmer, das	otâq neschiman	اتاق نشیمن
Allianz, die	ateâd	اتحاد
Europäische Union, die	etehâdiya auroupâ	اتحادیه اروپا
Arabische Liga, die	etehâdiya kheschwar arabi	اتحادیه کشورهای عرب
Atomsphäre, die	âtomsfar	اتمسفر
Entzündung, die	eltahâb	التهاب
Bügeleisen, der	otu	اتو
Sehenswürdigkeit, die	asr diedni	اثار دیدنی
Fingerabdruck, der	asar ânguscht	اثر انگشت
erlauben	edschaza dâdan	اجازه دادن
ausführen	edschâra kardan	اجرا کردن
ehren	ehterâm kardan	احترام کردن
empfinden	ehsass kardan	احساس کردن
entführen	âkhtesâf kardan	اختطاف کردن
verwalten	edâra kardan	اداره کردن
Zollamt, das	âdara komrok	اداره گمرک
fortsetzen	edâma dâdan	ادامه دادن
würzen	âdua zadan	ادویه زدن
Nationale Armee, die	ordui meli	اردوی ملی

Säge, die	*ârah*	اره
zerstören	*az bein bordan*	از بین بردن
Abflug, der	*az zamin bar khâstan hawâ paima*	از زمین برخاستن هواپیما
spalten	*az ham dsch-dâ kardan*	از هم جدا کردن
Pferd, das	*asb*	اسب
Strategie, die	*estratiji*	استراتژی
erholen	*esterâhat kardan*	استراحت کردن
verwenden	*estefâda kardan*	استفاده کردن
brechen	*estufragh kardan*	استفراغ کردن
Devise, die	*âsar*	اسعار
Durchfall, der	*esahl*	اسهال
Laus, die	*hespesch*	اشپش
Besatzung, die	*âschkhalgier*	اشغال‌کر
verbessern	*eslâh kardan*	اصلاح کردن
korrigieren	*eslâh kardan*	اصلاح کردن
gehorchen	*eta at kardan*	اطاعت کردن
Umland, das	*âtraf*	اطراف
Daten, die	*etelhât*	اطلاعات
Kontaktinformationen	*ehterâm kardan*	احترام کردن
und allgemeine Infos, die	*etelhât e pâya wa tamâs*	اطلاعات پایه و تماس
protestieren	*etrâz kardan*	اعتراض کردن
vertrauen gewinnen	*etemad dschalb kardan*	اعتماد جلب کردن
Ansage, die	*kabar /âelan*	اعلان / خبر
Alarm, der	*âlan khatar*	اعلان خطر
verkünden / deklarieren	*elân kardan*	اعلان کردن
abstürzen (herunter)	*aftandan*	افتادن

Mehrheit, die	*aksaryat*	اکثریت
sieben	*lakkardan*	الک کردن
sieben	*âlek kardan*	الک کردن
Schrank, der	*almâri*	الماری
Kleiderschrank, der	*almâri lebâs*	الماری لباس
Diamant, der	*âlmâs*	الماس
Sauerkirsche, die	*âlu bâlu*	الو بالو
Mango, die	*am*	ام
Imperialismus, der	*emparielisum*	امپریالیسم
ausprobieren	*emtân kardan*	امتحان کردن
heute	*emruz*	امروز
dieses Jahr	*em-sâl*	امسال
heute Abend	*amischab*	امشب
Sicherheit, die	*âmnieyat*	امنیت
Granatapfel, der	*anâr*	انار
Selbstmordattentäter, der	*ânthari*	انتحاری
wählen	*entekhâb kardan*	انتخاب کردن
Präsidentschaftswahl, die	*entekhâbat rejes daschmur*	انتخابات رئیس‌جمهور
Parlamentswahl, die	*entekhâbat madschles nomâiendgan*	انتخابات مجلس نمایندگان
Rache, die	*enteqâm*	انتقام
rächen	*enteqâm greftan*	انتقام گرفتن
tun	*andscham dâdan*	انجام دادن
Feige, die	*ândschir*	انجیر
schmeißen	*andâkhtan*	انداختن
werfen	*andâkhtan*	انداختن
Maß, das	*ândâza*	اندازه

Schuhgröße, die	ândaza bout	اندازه بوت
Kleidergröße, die	ândaza kâla	اندازه کالا
Figur, die	ândâm	اندام
spekulieren	ândischidan	اندیشیدن
Energie, die	enerji	انرژی
verzichten	enkâr kardan	انکار کردن
Traube, die	ângur	انگو
zahm adj.	âhli	اهلی
Erste/r	awal	اول
Ideologie, die	edolujschi	ایدئولوژی / مسلک
Aids	âeds	ایدز
Haltestelle, die	istadgah	ایستگاه
Bahnhof, der	istadgah rail	ایستگاه ریل
ZOB, der	istadgah motar serwas	ایستگاه موتر سرویس
Email oder Telefon, die, das	Emeil ja telefoon	ایمیل یا تلفن
spülen	ba âb schestan	با آب شستن
schmoren	bâ harârat molyem poktan	با حرارت ملایم پختن
verbleiben	bâqi mandan	با قی ماندن
Mantel, der	bâlâ posch	با لا پوش
Wind, der	bâd	باد
Mandel, die	bâdâm	بادام
Cashewnuss, die	bâdâm hindi	بادام هندی
Gurke, die	bâdrang	بادرنک
windig adj.	bâdi	بادی
Fenchel, der	bâdjân	بادیان
Regen, der	bârân	باران

erste Klasse, die	*bakhsch âli*	بخش عالی
verzeihen	*bakhschiedan*	بخشیدن
Schwarz fahren, das	*bedoun ticket zuwar schodan*	بدون تکت سوار شدن
Turm, der	*burdsch*	برج
aufstehen	*barkhâstan*	برخاستن
tragen	*bordan*	بردن
Bürste, die	*brus*	برس
Zahnbürste, die	*bors-e dandân*	برس دندان
Haarbürste, die	*brus mui*	برس مو
Schnee, der	*barf*	برف
schneien	*barf bâridan*	برف باریدن
segnen	*barkat daadan*	برکت دادن
Blatt, das	*barg*	برگ
Laub, das	*barg-e darakt*	برگ درخت
Plan, der	*barnâhma*	برنامه
Fahrplan, der	*barnâma harakat*	برنامه حرکت
Programmieren, das	*barnâma nausi kardan*	برنامه نویسی کردن
Lamm, das	*barrah*	بره
braten	*byrân kardan*	بریان کردن
schneiden	*boridan*	بریدن
Ziege, die	*boz*	بز
aufziehen	*buzorg kardan*	بزرگ کردن
Teller, der	*beschqâb*	بشقاب
Nachmittag, der	*bad az zahr*	بعد از ظهر
Frosch, der	*baqa*	بقه
Gepäck, das	*baks (dasti)*	بکس (دستی)

فهرست لغات دری

Handgepäck, das	*baks dasti*	بکس دستی
Geldbeutel, der	*baksag paisa*	بکسگ پیسه
Nachtigall, die	*bobol*	بلبل
verschlingen	*balidan*	بلعیدن
Höhe, die	*belândi*	بلندی
Bombe, die	*bamb*	بمب
Libelle, die	*bambirak*	بمبیرک
Denkmal, das	*banâ târikhi*	بنا تاریخی
Staudamm, der	*band âb*	بند آب
Hosenträger, die	*band tumban*	بند تنبان
Binde, die	*bandâj*	بنداژ
violett adj.	*benafsch*	بنفش کمرنگ
Veilchen, das	*benafscha*	بنفشه
Fundamentalismus, der	*bonyâdgieri*	بنیادگرایی
Neue hinzugefügt	*ba tâzagi âfzurda schoda*	به تازگی افزوده شده
fortfahren	*ba harakat edâma dâdan*	به حرکت ادامه دادن
In Erinnerung rufen	*ba khatera auwardan*	به خاطر آوردن
kreuzigen	*ba salib kaschidan*	به صلیب کشیدن
erinnern	*ab jâd âuwardan*	به یاد آوردن
Frühling, der	*bahâr*	بهار
Quitte, die	*behi*	بهی
Ballerina Schuhe, die	*bout bedoun khuri*	بوت بدون کوریئ
Lederschuh, der	*bout tscharmi*	بوت چرمی
Hausschuhe, die	*bout khânagi*	بوت خانگی
Pumps, die	*but khuri beland*	بوت کوری بلند
Sportschuh, der	*bout warzeschi*	بوت ورزشی

Strauch, der	*buteh*	بوته
Distel, die	*buteh kâr*	بوته خار
Wachtel, die	*bodana*	بودنه
Eule, die	*bom*	بوم
Duft, der	*bui khusch*	بوی خوش
missachten	*be etharâmi kardan*	بی احترامی کردن
ausdrücken	*bayân kardan*	بیان کردن
aufwecken	*bedâr kardan*	بیدار کردن
Keks, der	*bisket*	بیسکویت
mehr	*beschtar*	بیشتر
mehr als	*beschtar az*	بیشتر از
Geschlechtskrankheit, die	*bimârie dschensi*	بیماری جنسی
Epilepsie, die	*bimârie sâri*	بیماری ساری
Reiseversicherung, die	*bemia safar*	بیمه سفر
bewusstlos adj.	*behuschi*	بی‌هوش
Betäubung, die	*behuschi*	بیهوشی
Narkose, die	*bi-huschi*	بیهوشی
Stück, das	*partscha*	پارچه
Nationalpark, der	*pârk meli*	پارک ملی
Reisepass, der	*passport*	پاسپورت
beharren	*pâ feschâri kardan*	پافشاری کردن
löschen	*pak kardan*	پاک کردن
reinigen	*pak kardan*	پاک کردن
säubern	*pakt kardan*	پاک کردن
Spinat, der	*pâlak*	پالک
streben nach	*pâlidan*	پالیدن

Verband, der	pânsmân	پانسمان
Treppenstufe, die	pata	پته زینه
backen	pokhtan	پختن
zubereiten	pokhtan	پختن
backen	pokhtan	پختن
reif adj.	rasida / pokhta	پخته / رسیده
Feder, die	par	پر
Feder, die	par	پر
Textverarbeitung, die	pardâzesch matn	پردازش متن
Gardine, die	parda	پرده
Sanitäter, der	parstâr	پرستار
Vogel, der	parenda	پرنده
Raubvogel, der	parenda schakâri	پرنده شکاری
Diät, die	pariez	پرهیز
Vermeidung, die	pariez	پرهیز
Direktflug, der	parwâz mustaqiem	پرواز مستقیم
Fülle, die	pori	پری
springen	par zadan	پریدن
später	pasântar	پسانتر
Posten, das	post	پست
Pistazie, die	pesta	پسته
übermorgen	pas fardâ	پس‌فردا
Kot, der (Schaf, Ziege)	peschkel	پشکل
Mücke, die	pascha	پشه
bereuen	peschimân schodan	پشیمان شدن
Jeans, die	patlun khabi	پطلون گوبای

Tablett, das	patnoss	پطنوس
Fächer, das	paka	پکه
Leopard, der	palang	پلنگ
Polizei, die	poließ	پلیس
Verkehrspolizei, die	poließ tarâfiekt	پلیس ترافیک
Kriminalpolizei, die	poließ dschâji	پلیس جنایی
Grenzpolizei, die	poließ - e sarhadi	پلیس سرحدی
Windel, die	pamparz	پمپرز
Baumwolle, die	ponba	پنبه
Donnerstag, der	pandsch - schambe	پنج شنبه
fünftens	pandschom	پنجم
Gabel, die	pandscha	پنجه
Beule, die	pondidagi	پند یدگی
Schwellung, die	pondidian	پندیدگی
verstecken	pinhân kardan	پنهان کردن
Puder, das	podar	پودر
Currypulver, das	zardtschuba (podari)	(پودر) زرچوبه
Reinigungsmittel, das	pudar schestoschu	پودر شستشو
Waschpulver, das	pudar lebâs schouî	پودر لباس‌شوی‌ی
Thymian, der	pondiena	پودنیه
Schale, die	post	پوست
schälen	post kardan	پوست کندن
anziehen (Kleidung)	poschiedan	پوشیدن
Geld ausgeben	khardsch pul kardan	پول خرج کردن
Lösegeld, das	pul naqd	پول نفد
Oregano, der	pona kohae	پونه کوهی

absteigen	*pajâda schodan*	پیاده شدن
Zwiebel, die	*pejâz*	پیاز
Becher, der	*pijâla*	پیاله
Tasse, die	*pjâla*	پیاله
Nachricht, die	*pâyam*	پیام
Neue Nachricht, die	*pâyam dschdid*	پیام جدید
Hemd, das	*perhan*	پیراهن
Hemd, das	*perhan jakhan qâq*	پیراهن یخنقاق
vorhersagen	*pesch-bini kardan*	پیش بینی کردن
fortschreiten	*pesch raftan*	پیش رفتن
Prognose, die	*peschbini*	پیش‌بینی
Vorhersage, die	*peschbini*	پیش‌بینی
Erfolg haben	*peschraft daschtan*	پیشرفت داشتن
fortschreiten	*taraqi kardan*	پیشرفت کردن
Vorspeise, die	*pesch ghezza*	پیش‌غذا
prophezeien	*peschgui kardan*	پیشگویی کردن
vorschlagen	*peschnehâd kardan*	پیشنهاد کردن
Konfiguration, die	*paigir bandi*	پیکر بندی
Pilot, der	*pielot*	پیلوت
Bündnis, das	*paimân*	پیمان
Sommer, der	*tâbestân*	تابستان
Verspätung, die	*takhair dâschtan*	تاخیر داشتن
Datum, das	*târikh*	تاریخ
historisch adj.	*tarikhi*	تاریخی
dunkel adj.	*tariek*	تاریک
frisch adj.	*tâza*	تازه

فهرست لغات دری

Weinrebe, die	tahk	تاک
Taktik, die	taktiek	تاکتیک
betonen	tâkied kardan	تاکید کردن
Bahnhofhalle, die	tâlar istadgah rail	تالار ایستگاه ریل
Tippen, das	tâip kardan	تایپ کردن
genehmigen	tâjied kardan	تایید کردن
Fieber, das (haben)	tab (tab dâschtan)	(تب) تب داشتن
Geld wechseln, das	tadiel kardan pul	تبدیل کردن پول
Axt, die	tabar	تبر
gratulieren	tabrik goftan	تبریک گفتن
Hügel, der	tapa	تپه
Vergewaltigung, die	tadschwuz dschensi	تجاوز جنسی
glorifizieren	tadschliel kardan	تجلیل کردن
unterdrücken	taht feschâr auwardan	تحت فشار آوردان
drängen	taht feschar qarar dada	تحت فشار قرار دادن
Wirtschaftsembargo, das	tariem eghtesâdi	تحریم اقتصادی
Handelsembargo, das	tariem tedschari	تحریم تجاری
sanktionieren	tarmien kardan	تحریم کردن
ertragen	tahmol kardan	تحمل کردن
übergeben	tahwil kardan	تحویل دادن
Bett, das	takht	تخت
Schlafbett, das	takht khaub	تخت خواب
Schneidebrett, das	takhta bresch	تخته برش
Ei, das	tokm	تخم
Ausweis, der	tazkera	تذکره
nass adj.	tar	تر

Waage, die	tarâzu	ترازو
Wassermelone, die	tarbuz	تربوز
übersetzen	tardschoma kardan	ترجمه کردن
bevorzugen	tardscha kardan	ترجیح کردن
verängstigen	tarsândan	ترساندن
sauer adj.	torsch	ترش
Terrorist, der	terrorist	تروریست
Becken, das	tascht	تشت
Beschreibung, die	taschrae	تشریح
Schlafsack, der	toschak khoubi	تشک خوابی
ermutigen	taschwiq kardan	تشویق کردن
zusammenstoßen	tasâdufat kardan	تصادف کردن / به هم برخورد کردن
bestätigen (amtlich)	tasdiq kardan	تصدیق کردن
entscheiden	tasmim kardan	تصمیم گرفتن
Zahl, die	tahdied	تعداد
verfolgen (strafrechtlich)	taqib kardan	تعقیب کردن
reparieren	tayâr kardan	تعمیر کردن
verändern	taqhire schakel dâdan	تغییر شکل دادن
Klimawandel, der	takhierat âb wa hauwa	تغییرات آب و هوا
teilen	taqsim kardan	تقسیم کردن
Fälschung, die	taqalub	تقلب
nachahmen	taqlied kardan	تقلید کردن
erschüttern	takân dâdan	تکان دادن
Fahrkarte, die	ticket	تکت
Flugkarte, die	tiket theijara	تکت طیاره
proben	tekrâr kardan	تکرار کردن

Stoff, der	teka	تکه
zerhacken	teka teka kardan	تکه تکه کردن
Stoffladen, der	teka forschi	تکه فروشی
Brotstück, das	tekka nân	تکه نان
streben	tâlasch kardan	تلاش کردن
bitter adj.	talkh	تلخ
aussprechen	talafoz kardan	تلفظ کردن
Falle, die	tâlak	تلک
sichten	tamâschâ kardan	تماشا کردن
verlängern	tamdid kardan	تمدید کردن
üben	tamrien	تمرین کردن
Hose, die	patlun	تنبان
feurig adj.	tond wa tiez	تند و تیز
atmen	tanafos kardan	تنفس کردن
Meerenge, die	tangana âbi	تنگنا آبی
Baumstamm, der	tahna darakt	تنه درخت
Invasion, die	tahâdschum	تهاجم
Bedrohung, die	tahdid	تهدید
drohen	tahdid kardan	تهدید کردن
Gleichgewicht, das	mauâza / toâzan	توازن / موازنه
Topas, der	topâz	توپاز
Maulbeere, die	tout	توت
Erdbeere, die	tout-e zamini	توت زمینی
Turmalin, der	tourmâlien	تورمالین
Tourist, der	turist	توریست
empfehlen	tousa kardan	توصیه کردن

empfehlen	tousa kardan	توصیه کردن
erniedrigen	touhien kardan	توهین کردن
Schießen, das	tirândâzi	تیراندازی
schärfen	tiz kardan	تیز کردن
schieben	tela kardan	تیله کردن
Sekunde, die	sânja	ثانیه
beweisen	sâbat kardan	ثبات کردن
Registrierung, die	sabt nām	ثبت نام
Frucht, die	zamara	ثمره
Platz reservieren	dschâi negah dâschtan	جا نگداشتن
Besen, der	dschâru	جارو
Staubsauger, der	dschâru barqi	جارو برقی
kehren	dschâru kardan	جارو کردن
Spion, der	dschâsus	جاسوس
Spionage, die	dschâsusi	جاسوسی
Pullover, der	dschâkat	جاکت
glänzend	dschalâdar	جاله دار
Zivilgesellschaft, die	dschâma madani	جامعه مدنی
ersetzen	dschâi neschin kardan	جانشین کردن
Orte, an denen du	mauâza / toâzan	توازن / موازنه
gelebt hast, die	dschâi khe zendagi kardajad	جاهای که زندگی کرده‌اید
Sitzplatz, der	dschai neschast	جای نشستن
Zwang, der	dschbir	جبر
Front, die	dschaba	جبهه
wagen	dschora dâschtan	جرائت کردن
Chirurgie, die	dschâri	جراحی

فهرست لغات دری

فهرست لغات دری

Details über dich, die	*dschozjat dar bâre khodetân*	جزئیاتی درباره خودتان
Ebbe und Flut die, die	*dschzar - o mad*	جزر ومد
Insel, die	*dschazira*	جزیره
suchen	*deschto dschu kardan*	جستجو کردن
suchen adj.	*deschtu- dscho kardan*	جستجو کردن
Freunde suchen!	*deschtu- dschu dostân*	جستجوی دوستان
Vollversammlung, die	*Dschalsa homumi*	جلسه عمومی
Pinienkerne, die	*dschal khuza*	جلغوزه
Erdnuss, die	*dschal ghuza je pâkistâni*	جلغوزه پاکستانی
Summe, die	*dschm*	جمع
aufräumen	*dscham kardan*	جمع کردن
Freitag, der	*dschoma*	جمعه
Afghanische Rothalbmond, der	*dschamjat haliel âhmur*	جمعیت هلال احمر
Verbrechen, das	*dschnâijat*	جنایت
Kriminalität, die	*dschânaitkari*	جنایتکاری
Kalender, der	*dschantari*	جنتری
Schlacht, die	*dschang*	جنگ
Dschungel, der	*dschangal*	جنگل
Förster, der	*dschangal bân*	جنگل بان
aufforsten	*dschangal sâzi kardan*	جنگل‌سازی کردن
kämpfen	*dschangidan*	جنگیدن
Süden, der	*dschonub*	جنوب
Südosten, der	*dschonub scharq*	جنوب شرق
Südwesten, der	*dschonub gharb*	جنوب غرب
südlich adj.	*dschonubi*	جنوبی
Himmelsrichtung, die	*dschât âsli*	جهات اصلی

Welt, die	*dschâhan*	جهان
global adj.	*dschâhni*	جهانی
kauen	*dschwiedan*	جوئیدن
Knospe, die	*dschwâna*	جوانه
Küken, das	*dschudscha*	جوجه
passen	*dschur âmadan*	جورآمدن
Strumpf, der	*dschurâb*	جوراب
Muskatnuss, die	*dschuz*	جوز
sieden	*dschosch kardan*	جوش کردن
dämpfen	*dschoschiedan*	جوشیدن
Spinne, die	*dschulâ*	جولا
Bach, der	*dschu*	جوی
Hosentasche, die	*dschib*	جیب
Grille, die	*dschir dschirak*	جیرجیرک
drucken	*tschâp kardan*	چاپ کردن
Drucker, der	*tschâp kar*	چاپگر
Tschador, der	*tschâdar sar*	چادر سر
Messer, das	*tschâqu*	چاقو
Messer, das	*kard / tschaqu*	چاقو / کارد
feilschen	*tschâna zadan*	چانه زدن
Tee kochen	*tschai dam kardan*	چای دم کردن
Teekanne, die	*tschainak*	چایناک
Kanne, die	*tschainak*	چاینک
Teekanne, die	*tschainak*	چاینک
plündern	*tschpawoll kardan*	چپاول کردن
Latschen, die	*tschablaq*	چپلک

فهرست لغات دری

Sandalen, die	tschapli bandâr	چپلی بندار
Regenschirm, der	tschatri bârân	چتری بارانی
Taschenlampe, die	tschârgh dâsti	چراغ داستی
Nähmaschine, die	teschrekh khijâti	چرخ خیاطی
drehen	tscharkhiedan	چرخاندن
Leder, das	tscharm	چرم
Guerilla, der	tscharik	چریک
zwinkern	tschemsch-mak zadan	چشمک زدن
Quelle, die	tscheschma	چشمه
Hammer, der	tschakosch	چکش
hämmern	tschkhosch zadan	چکش زدن
Verlobungsring, der	tschla	چله
Wiese, die	tschman	چمن
Walnuss, die	tschahâr maghz	چهار مغز
Haselnuss, die	tschahâr maghz gejâhi	چهار مغز گیاهی
Hocker, der	tschahâr pâia	چهارپایه
Mittwoch, der	tschahâr -schambe	چهارشنبه
vierte/r	tschahârum	چهارم
Holz, das	tschub	چوب
Stuhl, der	tschauki	چوکی
Sofa, das	tschauki du nafari	چوکی دو نفری
anvertrauen (Gegenstand)	tschize ra ba kase supordan	چیز را به کسی سپردن
ernten	hasl bardschastan	حاصل برداشتن
Speicher, der	hâfeza komputer	حافظه کامپیوتر
Mondstein, der	hadschar alqmar	حجرالقمر
Volumen, das	hadschom	حجم

Temperatur, die	*harârat*	حرارت
bewegen	*harakat kardan*	حرکت کردن
fühlen, sich	*hes kardan*	حس کردن
Artenschutz, der	*hafazat az dschânwurân*	حفاظت از جانوران
bewahren	*hefazat kardan*	حفاظت کردن
schützen	*hafazat kardan*	حفاظت کردن
Umweltschutz, der	*hafazat mohait- sajist*	حفاظت محیط زیست
Naturschutz, der	*hafez manbah tahbi*	حفظ منابع طبیعی
auswendig lernen	*az jad / hafez kardan*	حفظ/ از یاد کردن
Selbstbestimmungsrecht, das	*hagh tasmiem geri*	حق تصمیم گیری
Wahlrecht, das	*hag râi*	حق رای
Erpressung, die	*haghl ol sokut*	حق‌السکوت
erpressen	*haghl ol sokut greftan*	حق‌السکوت گرفتن
Streitbeilegung, die	*hâl akhtelâf*	حل اختلاف
lösen	*hal kardan*	حل کردن
Schnecke, die	*halazun*	حلزون
Locke, die	*halga mui*	حلقه مو
baden	*hamâm kardan*	حمام کردن
fördern	*hamâjat kardan*	حمایت کردن
Angriff, der	*hamala*	حمله
Herzanfall, der	*hamla qalbi*	حمله قلبی
Dorn, der	*khâr*	خار
Stachel, die	*khâr*	خار
Igel, der	*kharposcht*	خارپشت
grau adj.	*khâkestari*	خاکستری
ausladen	*khâli kardan*	خالی کردن

فهرست لغات دری

gar adj.	*khâm*	خام
Ausschalten, das	*kâmosch kardan*	خاموش کردن
Familie und Beziehung, die	*khânawada wa rauwâbet*	خانواده و روابط
schämen	*khedschâlat kaschidan*	خجالت کشیدن
Haushalthilfe, die	*khedmat kâr khâna dahri*	خدمت کار خانه داری
dienen	*khedmat kardan*	خدمت کردن
Besatzung, die	*khedamt theijara*	خدمه طیاره
Esel, der	*khâr*	خر
verfaulen	*kharâb / fasid schodan*	خراب / فاسد شدن
kratzen	*khâridan*	خراشیدن
Honigmelone, die	*karbuza*	خربزه
zerkleinern	*khurd kardan*	خرد کردن
Senf, der	*khardel*	خردل
Bär, der	*khers*	خرس
Kaninchen, das	*khargusch*	خرگوش
Dattel, die	*khorma*	خرما
Ausgang, der	*khorudsch*	خروج
Hahn, der	*khorâs*	خروس
kaufen	*kharidan*	خریدن
Herbst, der	*khazân*	خزان
Kriechtier, Reptil das	*khazinda*	خزنده
Moos, das	*khaza*	خزه
kriechen	*khazidan*	خزیدن
beschädigen	*khesâra rasândan*	خساره رساندن
Ziegel, der	*khescht*	خشت
Mohn, der	*kaschkâsch*	خشخاش

trocken adj.	khuschk	خشک
Dürre, die	khescht sâl	خشکسالی
Gewalt, die	khoschunat	خشونت
versehen	khalat kardan	خطا کردن
Gefahr, die	khatar	خطر
Risiko, das	khatar	خطر
lebensbedrohlich adj.	khatar hâijat	خطر حیاتی
ersticken	khafa kardan	خفه کردن
Entwaffnung, die	khale sâlah	خلع سلاح
entwaffnen	khale sâlah kardan	خلع سلاح کردن
schaffen	khaleq kardan	خلق کردن
Bucht, die	khelidsch	خلیج
Teig, der	khamir	خمیر
Hefe, die	khamir mâja	خمیرمایه
Schwein, das	khok	خوک
bluten	khun dâdan	خون دادن
bluten	khun riezi kardan	خونریزی کردن
Schneiderei, die	khâjati	خیاطی
schneidern	khajâti kardan	خیاطی کردن
verraten	khiejânat kardan	خیانت کردن
Innenstadt, die	dakhel schahr	داخل شهر
plädieren	dâkhâhi kardan	داد خواهی کردن
brüllen	dâd zadan	داد زدن
Zimt, der	dârdschien	دارچین
Herd, das	dasch	داش
heiß adj.	dâgh	داغ

فهرست لغات دری

۱٧۳

Rock, der	*dâman*	دامن
wissen	*dânestan*	دانستن
Stück, das	*dâna*	دانه
Generalsekretär, der	*dabier koll*	دبیر کل
sich rühmen	*dap kardan*	دپ کردن
intervenieren	*dekhâlat kardan*	دخالت کردن
Tür, die	*dar*	در
verdienen	*dar âmad dâschtan*	در آمد داشتن
tagsüber adj.	*dar dschrjân ruz*	در جریان روز
buchen	*dar daftar sabt kardan*	در دفتر ثبت کردن
Bank, die	*darâz tschauki*	دراز چوگی
über	*darbâra*	درباره
Dutzend, das	*dardschan*	درجن
Grad, der	*daradscha*	درجه
Baum, der	*darakt*	درخت
Judasbaum, der	*darakt arkhoân*	درخت ارغوان
Platanen, die	*darakt tschunâr*	درخت چنار
Tanne, die	*darakt sanubar*	درخت صنوبر
Echte Trauerweide	*darakt madschnun bied*	درخت مجنون بید
Kiefer, die	*darakt nadscho*	درخت ناجو
Freundschaftseinladung, die	*darkâst dosti*	درخواست دوستی
Schmerz, der	*darad*	درد
Wehe, die	*darad*	درد
anvertrauen	*dard del kardan*	درد دل کردن
wehtun	*darad kardan*	درد کردن
lehren	*dars dâdan*	درس دادن

Fluss, der	*daryâ*	دریا
Anzug, der	*dreschi*	دریشی
Sakko, das	*dreschi mardâna*	دریشی مردانه
Dieb, der	*dozd*	دزد
klauen	*dozididan*	دزدیدن
Hände waschen	*dast schestan*	دست شستن
Armband, das	*dastband*	دستبند
Zugang, der	*dastrasi*	دسترسی
Festnahme, die	*dastgier*	دستگیری
Taschentuch, das	*dastmâl*	دستمال
Handtuch, das	*dastmâl-e dast*	دستمال دست
Blumenstrauß, der	*dasti gol*	دستهگل
Kochrezept, das	*dastur poktan*	دستور پخت
Dessert, das / Nachspeise, das	*desert*	دسر
Wüste, die	*dascht*	دشت
schimpfen	*dschnâm dâdan*	دشنام دادن
einladen	*dawât kardan*	دعوت کردن
verteidigen	*defa kardan*	دفاع کردن
Reisebüro, das	*daftar musâfrati*	دفتر مسافرتی
Minute, die	*daqiqa*	دقیقه
Kinderarzt, der	*daktar-e atfâl*	دکتر اطفال
Augenarzt, der	*dâktar-e tscheschm*	دکتر چشم
Internist, der	*daktar-e dakheli*	دکتر داخلی
Frauenarzt, der	*daktâr-e zanân*	دکتر زنانه
schmerzen	*darad kardan*	درد کردن
Manschettenknopf, der	*dokhma sardast*	دکمه سردست

فهرست لغات دری

Knopf, der	*dokma*	دگمه
entmutigen	*delsard kardan*	دلسرد کردن
Schlinge, die	*damm*	دم
wehen	*damiedan*	دمیدن
folgen	*dumbâl kardan*	دنبال کردن
Zähneputzen, das	*dandân schestan*	دندان شستن
Zahnschmerzen, die	*dandân darad*	دندان‌درد
Vulkankrater, der	*dahân âtsch-feschân*	دهانه آتشفشان
Flur, der	*dahliez*	دهلیز
zehntens	*dahom*	دهم
Jahrzehnt, das	*daha*	دهه
Medikament, das	*dauwâ*	دوا
Apotheke, die	*dauwâ khâna*	دوا خانه
wiedererkennen	*dubâra schenâkhtan*	دوباره شناختن
nähen	*dokhtan*	دوختن
wegwerfen	*dor ândâkhtân*	دور انداختن
Amtszeit, die	*daurân khedmat*	دوران خدمت
Freunde, die	*dostân*	دوستان
Dusche, die	*dousch*	دوش
Duschgel, das	*douschgiel*	دوش گیل
duschen	*douschgreftan*	دوش گرفتن
Montag, der	*du - schambe*	دوشنبه
Zweite/r	*duwom*	دوم
Gestern	*diruz*	دیروز
Diplomat, der	*dieplomât*	دیپلمات
Attraktion, die	*dschâleb / dieda ni*	دید نی / جالب

gestern Abend	*dischab*	دیشب
Topf, der	*dig*	دیگ
Kochtopf, der	*dig âschpâzi*	دیگ آشپزی
Nächste Woche, die	*digar hafta*	دیگر هفته
Wand, die	*diwâr*	دیوار
Stimme, die	*râi*	رای
ökonomische Beziehung, die	*râhbita eghtesâdi*	رابطه اقتصادی
Handelsbeziehung, die	*râhbita tschârati*	رابطه تجارتی
anvertrauen (Geheimnis)	*râz ra ba kas guftan*	راز را با کس گفتن
zufriedenstellen	*râzi kardan*	راضی کردن
Weg, der	*râh*	راه
Führer, der	*râh-nomâ*	راهنما
Reisführer, der	*râhnohmâ-je safar*	راهنمای سفر
Viertelstunde, die	*rabe zahat*	ربع ساعت
rauben	*rabudan*	ربودن
passieren	*rokh dâdan*	رخ دادن
Kleidung waschen, die	*rokht schestan*	رخت شستن
absagen	*rad kardan*	رد کردن
Buchen, das	*reserv kardan*	رزرو کردن
Diät machen	*rejem greftan*	رژیم گرفتن
ankommen	*rasidan*	رسیدن
wachsen	*ruschid kardan*	رشد کردن
konkurrieren	*reqaabat kardan*	رقابت کردن
Leid, das	*randsch*	رنج
leiden	*randsch burdan*	رنج بردن
Schuhe putzen	*rang kardan bout*	رنگ کردن بوت

Farbe, die	rang	رنگ
farblich passen	rang ba ham khwandân	رنگ با هم خواندن
abfärben adj.	rang dâdan	رنگ دادن
Nagellack, der	rang nâkhun	رنگ ناخن
bunt adj.	rangâ rang	رنگارنگ
freilassen	rehâ kardan	رها کردن
Rhabarber, der	rawâsch	رواش
psychisch adj.	ruâni	روانی
Fuchs, der	rubâ	روباه
seelisch adj.	rui	روحی
Tag, der	ruz	روز
Werktag, der	ruz kâri	روز کاری
Kopftuch, das	rui sari	روسری
hell adj.	roschan	روشن
Einschalten, das	ruschan kardan	روشن کردن
Schublade, die	almâri / rauhak miz	روک میز / الماری
Tischdecke, die	rui mizi	رومیزی
Lebensereignis, das	raudiedâi zendagi	رویدادهای زندگی
Nachrichtendienst, der	rasjat amaniyat meli	ریاست امنیت ملی
Basilikum, das	rahân	ریحان
verschütten	rekhtan	ریختن
Erkältung, die	riezesch	ریزش
Haarausfall, der	razesch mui	ریزش مو
zerschneiden	rieza kardan	ریزه کردن
Bart, der	resch	ریش

rasieren, sich	*resch tarâschiedan*	ریش تراشیدن
Wurzel, die	*rescha*	ریشه
Zug, der	*rail*	ریل
die Krähe / der Rabe	*zägh*	زاغ
knien	*zânu zadan*	زانو زدن
quälen	*zadschir diedan*	زجر دادن
Wunde, die	*zakhm*	زخم
Verletzung, die	*zakhem*	زخم
Magengeschwür, das	*zahkm medha*	زخم معده
schlagen	*zadan*	زدن
Giraffe, die	*zarâfa*	زرافه
gelb adj.	*zard*	زرد
Aprikose, die	*zard âlu*	زرد آلو
Curry, der	*zardtschuba*	زرد چوبه
sandfarben (beige) adj.	*zard-e schiri*	زرد شیری
Karotte, die	*zardak*	زردک
Gelbsucht, die	*zardi*	زردی
Berberitze, die	*zarschick*	زرشک
Safran, der	*safrân*	زعفران
Kohle, die	*zoghâl*	زغال
Erdbeben, das	*zelzula*	زلزله
Smaragd, der	*zamarod*	زمرد
Winter, der	*zemestân*	زمستان
winterlich adj.	*zemestâni*	زمستانی
Erde, die	*zamin*	زمین
Lilie, die	*zanbaq*	زنبق

فهرست لغات دری

Biene, die	zambur	زنبور
Ingwer, der	zandschfiel	زنجبیل
Gefängnis, das	zendân	زندان
überleben	zenda mândan	زنده ماندن
Klingel, die	zang	زنگ
Olive, die	zaitun	زیتون
Unterhose, die	zir patluni	زیر پطونی
Unterhemd, das	zir perhani	زیر پیراهنی
Dachboden, der	zir schirauân	زیر شیروان
Kümmel, der	zira	زیره
Kreuzkümmel, der	zehr sabz	زیره سبز
schmücken	zinat kardan	زینت دادن
Hagel, der	jala	ژاله
fragen	sowâl kardan	سئوال کردن
Satin, der	satien	ساتن
Strand, der / Küste, die	sâhl	ساحل
Gebäude, das	sakh-tomânan	ساختمان
Vereinten Nationen, die	sâz-e mân melal mehtehâd	سازمان ملل متحد
Organisation der	zelzula	زلزله
islamischen Konferenz,die	sâzmân hamkâri eslami	سازمان همکاری اسلامی
Uhr, die	zahat	ساعت
Wanduhr, die	zâhat diwâr	ساعت دیواری
Jahr, das	sâl	سال
nächstes Jahr	sâl âyneda	سال آینده
Von Jahr zu Jahr	sâl ba sâl	سال به سال

jährlich adj.	sâlana	سالانه
gesund adj.	sâlem	سالم
Schatten, der	sâja	سایه
Schatten, der	sâja	سایه
grün adj.	sabz	سبز
pistaziengrün adj.	sabz-e pestâi	سبز پسته ای
Gras, das	sabza	سبزه
Grünwiese, die	sabza zâr	سبزه زار
Stern, der	setâra	ستاره
loben	setâyesch kardan	ستایش کردن
Morgendämmerung, die	sahar	سحر
Hardware, die	sakht âfzrâr	سخت افزار
Flaschenöffner, der	sar bâz kun	سر بازکن
pünktlich adj.	sar waqt boudan	سر وقت بودن
Soldat, der	sarbâz	سرباز
Pantoffel, die	sarpâhi	سرپایی
Grenze, die	sarhad	سرحد
rot adj.	sorkh	سرخ
erröten	sorkh schodan	سرخ شدن
rösten adj.	sorkh kardan	سرخ کردن
braten	sorkh kardan	سرخ کردن
Masern, die	sorkha-khân	سرخکان
kalt adj.	sard	سرد
Kopfschmerzen, die	sar darad	سردرد
Kälte, die	sardi	سردی
Land, das	sarzamin	سرزمین

فهرست لغات دری

husten	*sorfa kardan*	سرفه کردن
Essig, das	*serka*	سرکه
Sauce, die	*sahs*	سس
Fläche, die	*sath*	سطح
Botschaft, die	*sefârat*	سفارت
empfehlen	*sefâresch kardan*	سفارش کردن
Reisen. das	*safar raftan*	سفر رفتن
ausreisen	*safar kardan*	سفر کردن
servieren	*safra gestardan*	سفره گستردن
weiss adj.	*safid*	سفید
Botschafter, der	*safir*	سفیر
Schlaganfall, der	*sagta mahkzi*	سکته مغزی
Bahnsteig, der	*sokut râh rail*	سکوی راه ریل
Hund, der	*sag*	سگ
Aschenbecher, der	*segrit dâni*	سگرت دانی
Schnalle, die	*sagak*	سگک
Waffe, die	*salâh*	سلاح
Atomwaffe, die	*salâh âtomi*	سلاح اتمی
Chemische Waffe, die	*salâh schiemjâji*	سلاح شیمیایی
Gesundheit, die	*salâmati*	سلامتی
Wohlbefinden, das	*sâlmati wa râfa*	سلامتی و رفاه
Pilz, der	*samarogh*	سمارق
Slip, der	*centuradsch*	سنتراج
Ölweiden, die	*sendschit*	سنجد
Schildkröte, die	*sangpescht*	سنگ پشت
Feuerstein, der	*sang tschkhmaqh*	سنگ چخماق

Granit, der	*sang kâhra*	سنگ خارا
Schützengraben, der	*zangar*	سنگر
Dienstag, der	*Se -schambe*	سه شنبه
einsteigen	*zuwar schodan*	سوار شدن
Suppe, die	*soup*	سوپ
dunkelblau adj.	*sourmaji*	سورمه ای
Eidechse, die	*sousmâr*	سوسمار
Dritte/r	*sewom*	سوم
Soja, die	*sojâ*	سویا
Außenpolitik, die	*syâsat khardschi*	سیاست خارجی
schwarz adj.	*sijâh*	سیاه
Apfel, der	*sib*	سیب
Küchentisch, der	*zieht âschpaz khâna*	سیت آشپزخانه
Couch, die	*zieht kautsch*	سیت کوچ
Knoblauch, der	*sir*	سیر
Knoblauch, der	*sir*	سیر
Flut, die	*sehl*	سیل
Hochwasser, das	*sehlâb*	سیلاب
Busenhalter, der	*siehna band*	سینه بند
Schmetterling, der	*schâhparak*	شاپرک
Ast, der	*schâhkha*	شاخه
Affe, der	*schâdi*	شادی
Schal, der	*schal*	شال
Abend, der	*schab / schâom*	شام / شب
Shampoo, das	*schâmpo*	شامپو
bestehen aus	*schâmla az(...) budan*	شامل از (...) بودن

فهرست لغات دری

Kamm, der	schâhna	شانه
kämmen	schâhna kardan	شانه کردن
Zeuge, der	schâd	شاهد
Nacht, die	schab	شب
nächtlich / abends	schabâna	شبانه
Dill, der	schubet	شبت
Soziale Netzwerk, das	schabaka edschtomâi	شبکه اجتماعی
Tau, der	schabnam	شبنم
Laus, die	schpesch	شپش
Kamel, das	schotor	شتر
Strauß, der	schotormorgh	شترمرغ
Osten, der	scharq	شرق
östlich adj.	scharqi	شرقی
Fluggesellschaft, die	schirkat hawâ paimâi	شرکت هواپیمایی
beginnen	schru kardan	شروع کردن
waschen	schestuschu kardan	شستشو کردن
Gehirnwäsche, die	schistoschu maghzi	شستشوی مغزی
waschen	schestan	شستن
sechstens	schischwom	ششم
genesen	schafâ paidâ kardan	شفا پیدا کردن
Krankenhaus, das	schâfa khâna	شفا خانه
heilen	schâfa jâftan / schâfa daadan	شفا دادن /شفایافتن
klar adj.	schafâf	شفاف
Pfirsich, die	schaft-alu	شفتالو
jagen	schkâr kardan	شکار کردن

Niederlage, die	schkast	شکست
besiegen	schikast dâdan	شکست دادن
Knochenbruch, der	schkastagi ostokhân	شکستگی استخوان
Fracking, das	schicksetagi hai haidar wa lieki	شکستگی‌های هیدرولیکی
brechen	schekastan	شکستن
Folter, die	schkandscha	شکنجه
Blüte, die	schugufa	شگوفه
Rübe, die	schalgham	شلغم
Norden, der	schamâl	شمال
nördlich adj.	schamâli	شمالی
Samstag, der	schambe	شنبه
bezeugen	schâjad dâdan	شهادت دادن
Stadt, die	schar	شهر
Sicherheitsrat, der	schorâri âminjat	شورای امنیت
Rebellion, die	schuresch	شورش
revoltieren	schorsch kardan	شورش کردن
rebellieren	schuresch kardan	شورش کردن
Aufständische, der	schuruschgar	شورشگر
Schock, der	schock	شوک
Lebensweise, die	schiewua zendagi	شیوه زندگی
Löwe, der	scher	شیر
Wasserhahn, der	schier dahân âb	شیر دهان آب
Scheibe, die	schiescha	شیشه
Seife, die	sâboun	صابون
morgen	sahba	صبح
morgen Abend	fardâ schab / sahba	صبح / فردا شب

morgens	sobhâna	صبح‌ها
dulden	saber kardan	صبر کردن
Frühstück, das	tschai sobh /nâschtâ / sobhâna	صحبانه / ناشتايي / چای صبح
unterhalten	sobat kardan	صحبت کردن
Felsen, der	sakhra	صخره
berufen	sadâ kardan	صدا کردن
Hauptseite, die	safe âsli	صفحه اصلی
Tastatur, die	safa kiled	صفحه کلید
Ihre Seiten	safa hâi schoma	صفحه‌های شما
Frieden, der	sohl	صلح
friedlich	sohl dschu	صلح‌جو
Polieren, das	thieqel dâdan	صیقل دادن
beschlagnahmen	zabt kardan	ضبط کردن
abwaschen	zarf schaui kardan	ظرفشویی کردن
schwach adj.	zajief	ضعیف
Regal, das	qafs / tâq	طاق / قفس
aushalten	tâlqhat dschâstan	طاقت داشتن
Pfau, der	tâus	طاووس
Stockwerk, das	tabaqa	طبقه
Natur, die	tabijat	طبیعت
Gold, das	telâ	طلا
Platin, das	telâ safed	طلای سفید
golden adj.	telâji	طلایی
Sonnenaufgang, der	tolo-e âftab	طلوع آفتاب
Papagei, der	tota	طوطی
Sturm, der	tufân	طوفان

186

Unwetter, das	*tufân*	طوفان
Schneesturm, der	*tufân barfi*	طوفان برف
Sandsturm, der	*tufân rig*	طوفان ریک
Länge, die	*toul*	طول
Flugzeug, das	*theijara*	طیاره
Spülbecken, das	*zarf schui*	ظرفشویی
unterdrücken	*zolm kardan*	ظلم کردن
eilen	*adschala kardan*	عجله کردن
Kardinalzahl, die	*hadad âzahli*	عدد اصلی
Breite, die	*hariz*	عرض
Schweiß, der	*haraqh*	عرق
Honig, der	*hâsal*	عسل
aufregen	*asbâni schodan*	عصبانی شدن
Ära die	*esr*	عصر
Parteimitglied, der	*ozwe hesib*	عضو حزب
Parfum, das	*hatir*	عطر
begnadigen	*afwu kardan*	عفو کردن
Adler, der	*oqâb*	عقاب
zurückziehen	*agab khaschiedan*	عقب کشیدن
Röntgenbild, das	*haks ba âscha âhks*	عکس با اشعه ایکس
Bilder, die	*haksâ*	عکس‌ها
Lebenszeichen, das	*nuschan zendagi / halamat zendagi*	علامت زندگی / نشانه زندگی
Markieren, das	*alâmat gozari kardan*	علامت‌گذاری کردن
Unkraut, das	*halaf hazra*	علف هرزه
Steppe, die	*halafzâr*	علفزار
Straftat, die	*hamal kalâf qânoun*	عمل خلاف قانون

فهرست لغات دری

187

realisieren	*amali kardan*	عملی کردن
Operation, die	*hamaliejat*	عملیات
Opal, der	*hain alschmesch*	عین‌الشمس
Brille, die	*ainak*	عینک
Sonnenbrille, die	*ainak âftabi*	عینک آفتابی
Gans, die	*gâz*	غاز
Schwalbe, die	*khotschi*	غچی
Westen, der	*gharb*	غرب
westlich adj.	*gharbi*	غربی
ertrinken	*kharq schodan*	غرق شدن
zivil adj.	*khair nezâmi*	غیرنظامی
Katastrophe, die	*fadscha*	فاجعه
Entfernung, die	*fâsela*	فاصله
hellsehen	*fâl didan*	فال دیدن
Marienkäfer, der	*falbienak*	فالبینک
eng adj.	*tang*	تنگ
fliehen	*farâr kardan*	فرار کردن
vergessen	*farâmosch kardan*	فراموش کردن
Morgen	*fardâ*	فردا
morgen abend	*fardâ schab*	فردا شب
Erosion, die	*fresâjesch*	فرسایش
Gesandte, der	*ferestâda*	فرستاده
Sonderbotschafter, der	*ferestâda wieja*	فرستاده ویژه
unterscheiden	*farq dâschtan*	فرق داشتن
Scheitel, der	*farqh sar*	فرق سر
stechen	*ferour kardan / nesch zadan*	فرو کردن / نیش زدن

Notlandung, die	furod etzarâri	فرود اضطراری
schreien	farjâd zadan	فریاد زدن
betrügen	fareb dâdan	فریب دادن
pressen	feshâr dâdan	فشار دادن
Luftdruck, der	fuschâr hawâ	فشار هوا
Jahreszeit, die	fasl sâl	فصل سال
Armut, die	faqir	فقر
geistig adj.	fekri	فکری
Lähmung, die	fâldsch	فلج
Kinderlähmung, die	fâldsch-atfâl	فلج اطفال
sterben	faut kardan	فوت کردن
Vulkanausbruch, der	faurân âtschfeschân	فوران آتشفشان
türkis adj.	firuzajâi	فیروزه ای
Prozent, das	fiesad	فیصد
prozentual adj.	fiesadi	فیصدی
Elefant, der	fil	فیل
Truthahn, der	filmorgh	فیل مرغ
Hebamme, die	qâbela	قابله
schmuggeln	qâtschâq borden	قاچاق بردن
Kontinent, der	qârah	قاره
Löffel, der	qâschoq	قاشق
Suppenlöffel, der	qâschoq soup khori	قاشق سوپ خوری
Besteck, das	qâschieq wa pandscha	قاشق و پنجه
Teppich, der	qâlin	قالین
überreden	qâne kardan	قانع کردن
Verstopfung, die	qabzijat	قبضیت

فهرست لغات دری

kitzeln	qet, qetak dâdan	قت ، قتگ دادن
Mord, der	qhatal	قتل
Größe, die (Höhe)	qad	قد
Termin, der	qarâr molâqât	قرار ملاقات
Opfer, das	qurbâni	قربانی
Zivilopfer, die	qurbâni ghair nezâmi	قربانی غیرنظامی
Meise, die	qartscha	قرچه
Jahrhundert, das	qarn	قرن
Teil, das	qesmat	قسمت
Teichhuhn, das	qaschqal	قشقال
beabsichtigen	qasd kardan	قصد کردن
Schloss, das	qasr	قصر
erzählen	qesa kardan	قصه کردن
Pole, die	qubt	قطب
Boykott, der	qaze râhbeta	قطع رابطه
boykottieren	qaze râhbeta kardan	قطع رابطه کردن
unterbrechen	qatat kardan	قطع کردن
Fach, das	qafas	قفس
Türschloss, das	qolef	قفل
Zinn, das	nâq	قلع
Festung, die	qâla	قلعه
Gipfel, der	qola koh	قله کوه
Planet, der	qamr	قمر
Rebhuhn, das	qamara	قمری
Zuckerwürfel, der	qand kaschti	قند خشتی
Schwan, der	qhau	قو

Kraft nehmen	*qhuwat greftan*	قوت گرفتن
Schachtel, die	*qauti*	قوطی
Büchse, die	*qouti*	قوطی
Aufstand, der	*qhiejâm*	قیام
Schere, die	*qaitschi*	قیچی
Trichter, der	*qief*	قیف
Sahne, die	*qaimâq*	قیماق
Palast, der	*kokh*	کاخ
Arbeit und Ausbildung, die	*kâr wa tasilât*	کار و تحصیلات
Eintrittskarte, die	*kart dekholi*	تاکت دخولی
Schüssel, die	*kâsa*	کاسه
Schälchen, das	*kâsa khutschak*	کاسه کوچک
anbauen (Pflanzen)	*khâschtan*	کاشتن
Toilettenpapier, das	*khâgaz taschnâb*	کاغذ تشناب
Schlafanzug, der	*kâla khâb*	کالا خواب
Hochzeitskleid, das	*kâla arusi*	کالا عروسی
Wäsche waschen, die	*kâhla schestan*	کالا شستن
Rechner, der	*komputer*	کامپیوتر
gelingen	*kâmiyâb budan*	کامیاب بودن
grillen	*kabâb kardan*	کباب کردن
Taube, die	*kabutâr*	کبوتر
blauer Fleck, der	*kabuti*	کبودی
Kochbuch, das	*khetâb âschpazi*	کتاب آشپزی
Kattun, der	*katân*	کتان
Kartoffel, die	*katschâlu*	کچالو

فهرست لغات دری

Kürbis, der	*kadu*	کدو
Zucchini, die	*kadu sabz*	کدو سبز
Kohl, der	*karam*	کر م
Pfanne, die	*tokm pâzi/karâi*	کرا ئی /تخم پزی
vermieten	*kerâya greftan*	کرایه دادن
Mieten, das	*kerâja greftan*	کرایه گرفتن
Stuhl, der	*tschauki*	چوکی
Wurm, der	*kerm*	کرم
Krokodil, das	*korkodiel*	کروکودیل
Kristall, das	*kristâll*	کریستال
Creme, die	*kriem*	کریم
Zahncreme, die	*kriem-e dandân*	کریم دندان
Rasiercreme, die	*kriem resch tarâschi*	کریم ریش تراشی
Leute die du vielleicht kennst	*kasâni khe schâjad beschnesid*	کسانی که شاید بشناسید
Mohnanbau, der	*khescht khaschkhasch*	کشت خشخاش
Massaker, das	*kheschtar dastdschami*	کشتار دستجمعی
Rosine, die	*keschmesch*	کشمش
Korinthe, die	*kheschmesch raza siyâ*	کشمش ریز سیاه
Konflikt, der	*kaschmakasch*	کشمکش
Mitgliedsstaat, der	*kheschwar ozwe*	کشور عضو
Schaum, der	*kaf*	کف
Halbschuh, der	*kafsch mehmoli*	کفش معمولی
Geier, der	*kalmorgh*	کل مرخ
Hut, der	*kolâh*	کلاه
Fenster, das	*killkien*	کلکین

Klinik, die	klieniek	کلینیک
Gebäck, das	koltscha	کلوچه
Schlüssel, der	kelid	کلید
Koma, der	komâ	کوما
weniger als	kamtar az	کمتر از
Kommode, die	kumod	کمد
Gürtel, der	kamar band	کمربند
Rückenschmerzen, die	kamar darad	کمردرد
blass adj.	kam rang	کمرنگ
um Hilfe rufen	komak khastan	کمک خواستن
Humanitäre Hilfe, die	komamkhai âsanan dostâni	کمک‌های انسان دوستانه
Erste Hilfe	komakhai âwalja	کمک‌های اولیه
Wahlkommission, die	kommision entekhâbat	کمیسیون انتخابات
Beschwerdekommission, die	kommision schekâyât entekhâbat	کمیسیون شکایت انتخابات
Hinterhalt, der	kamengah	کمینگاه
Ufer, das	kenâr daryâ / lab ab	کناره دریا
Passkontrolle, die	kantroll passport	کنترل پاسپورت
Schaffner, der	kantrol kunda ticket	کنترول گنده تکت
graben	kandan	کندن
Internationale Konferenz, die	konferanz beinolmelâli	کنفرانس‌های بین‌المللی
Zecke, die	kana	کنه
Bernstein, der	kahrbâ	کهربا
veraltet adj.	qadimi / kohna	کهنه / قدیمی
kurz adj.	kotâh	کوتاه

فهرست لغات دری

verkürzen	*kotâh kardan*	کوتاه کردن
Sessel, der	*khautsch jak nafari*	کوچ یک نفری
Gasse, die	*khutscha bariek*	کوچه باریک
Jacke, die	*khurti*	کورتی
Krug, der	*khuza*	کوزه
Berg, der	*koh*	کوه
Gebirge, das	*kohestan*	کوهستان
Müllbeutel, der	*kiesa âschkhâl*	کیسه آشغال
Torte, die	*kiek*	کیک
Floh, der	*kaik*	کیک
Kirsche, die	*gelâs*	گیلاس
Banane, die	*kila*	کیله
Kilogramm, das	*kielugram*	کیلوگرام
Garage, die	*gâhrâtsch*	گاراچ
Treibhauseffekt, der	*gâzai golkhâna hai*	گاز های گل خانه ای
Rind, das	*gâuw*	گاو
Kuh, die	*gâuw*	گاو
Wespe, die	*qauw zambur*	گاو زنبور
Bulle, der	*gauw nar*	گاو نر
Zyklus, der	*gardsch*	گردش
Ausflug, der	*gardsch*	گردش
Halskette, die	*gardan band*	گردن‌بند
Staub, der	*gerdu-o khâk*	گردوخاک
Krampf, der	*greftagi hazla*	گرفتگی عضله
Wolf, der	*gorg*	گرگ
warm adj.	*garm*	گرم

Deutsch	Dari (Transkription)	Dari
Hitze, die	garmi zijâd	گرمای زیاد
Wärme, die	garmi	گرمی
Hitze, die	garmi schadid	گرمی شدید
Geiselnahme, die	geraugân garie	گروگان گیری
Grippe, die	griep	گریپ
fliehen	gorekhtan	گریختن
Aktivitätenübersicht, die	guzâresch fahljat	گزارش فعالیت
Skorpion, der	khajschdom	گژدم
weit adj.	goschâd	گشاد
Rundfahrt, die	ghascht schahri	گشت شهری
Koriander, der	kaschinjaz	گشنیز
Blume, die	gol	گل
Sonnenblume, die	gol-e âftab parast	گل آفتاب پرست
Blumenkohl, der	golpi	گل پی
Mohnblume, die	gol kaschkâsch	گل خشخاش
Stickerei, die	gol douzi	گل دوزی
Rose, die	gol-e golâb	گل گلاب
Tulpe, die	gol-e lâla	گل لاله
Margeriten, die	gol-e mina	گل مینا
Narzisse, die	gol-e nargis	گل نرگس
rosa-rot adj.	golābi	گلابی
Vase, die	goldân	گلدان
Blumentopf, der	goldân	گلدان
verschwenden	gom schodan	گم شدن
Regenbogen, der	kamân rustam	گمان رستم
Zoll, der	komrok	گمرک

فهرست لغات دری

Sperling/ Spatz, der	gondschischk	گنجشک
schwindelig adj.	gans	گنس
Gottesanbeterin, die	gahwâra dschnabân	گهواره جنبان
Zebra, das	khorkhar	گورخر
Elch, der	gauw zan schmâli	گوزن شمالی
Hirsch, der	gawzan nar	گوزن نر
Kalb, das	gusâla	گوساله
Schaf, das	gusfand	گوسفند
Ohrring, der	khusch-wâra	گوشواره
Glas, das	gilâs	گیلاس
Labor, das	labrorwator	لابراتوار
Lapislazuli, der	lâdschward	لاجورد
Vogelnest, das	lâna	لانه
würdig sein	layeq dâschtan	لایق داشتن
Lippenstift, der	lab srien	لب سرین
Kleid, das	lebâs	لباس
Kleidung, die	kâla / lebâs	لباس / کالا
tragen	lebâs poschiedan	لباس پوشیدن
Damenbekleidung, die	lebâs zanâna	لباس زنانآ
Herrenbekleidung, die	lebâs mardanâ	لباس مردانه
Laptop, der	lapthup	لپ تاپ
bluffen	lâf zadan	لف زدان
Fahrstuhl, der	left	لفت
Storch, der	laglag	لکلک
Becken, das	lagan	لگن
berühren	lamâs kardan	لمس کردن

Bohne, die	*lubyâ*	لوبیا
nackt adj.	*lotsch*	لوچ
Feuerzeug, das	*leitar*	لیتر
Zitrone / Limone, die	*limo*	لیمو
Rohstoff, der	*mada ghâm*	ماده خام
Schadstoff, der	*mâda mozur*	ماده مضر
Schlange, die	*mâr*	مار
marschieren	*marsch kardan*	مارش کردن
Massage, die	*mâsâjh*	ماساژ
Rasierapparat, der	*mâschien resch tarâschi*	ماشین ریش تراشی
Geschirrspüler, der	*mâschin zarf schui*	ماشین ظرفشوئی
Fleischwolf, der	*mâschin guscht*	ماشین گوشت
Henne, die	*mâkiyân*	ماکیان
Malaria, die	*mâlarja*	مالاریا
Apfelsine, die	*mâlta*	مالته
reiben	*mâlidan*	مالیدن
kneten	*mâlidan*	مالیدن
verhindern	*mâne schodan*	مانع شدن
Monate, die	*mâh*	ماه
Mond, der	*mâh*	ماه
monatlich adj.	*mâhânah*	ماهانه
Spülmittel, das	*mâi zarfschui*	مایع ظرفشویی
Badeanzug / Bikini, der	*mâjour*	مایو ر
Möbel, die	*mobil*	مبل
tendieren	*motamâel bodan*	متمایل بودن
vorwerfen	*motahem kardan*	متهم کردن

فهرست لغات دری

aufmerksam machen	*mehtawadscha kardan*	متوجه کردن
bestrafen	*modschazârat kardan*	مجازات کردن
Täter, der	*madschurm*	مجرم
Statue, die	*modschasema*	مجسمه
zerknittert adj.	*metschla kardan*	مچاله کردن
kalkulieren	*mâseba kardan*	محاسبه کردن
Leibwächter, der	*mahfez schakhsi*	محافظ شخصی
begrenzen	*mahdud kardan*	محدود کردن
beschränken	*mahdud kardan*	محدود کردن
Wahllokal, das	*mehal râigieri*	محل رای‌گیری
Umwelt, die	*mohait-e zist*	محیط زیست
einschleusen	*makhfiehâna nufuz kardan*	مخفیانه نفوذ کردن
einmischen, sich	*modâkhela kardan*	مخلوط کردن
Mode, die	*mod*	مد
Zeitraum, der	*mohdad zâman*	مدت زمان
Verhandlung, die	*mohzâkra kardan*	مذاکره کردن
Überwachung, die	*marâqabat*	مراقبت
Marmelade, die	*morabâ*	مربا
Quadrat, der	*muraba*	مربع
Koralle, die	*mardschân*	مرجان
Chili, der	*mortsch tond*	مرچ تند
Phase, die	*marhâla*	مرحله
Sumpf, der	*mordâb*	مرداب
Diabetes, der	*mariez schakar*	مرض شکر
feucht adj.	*martoub*	مرطوب
Huhn, das	*morgh*	مرغ

Fasan, der	morgh-e daschti	مرغ داشتی
Wellensittich, der	morgh escheq	مرغ عشق
Ente, die	morgh âbi	مرغابی
Stadtzentrum, das	mar khaz schahr	مرکز شهر
Zentralheizung, die	markaz garmi	مرکز گرمی
Patient, der	bimâr / mâriez	مریض / بیمار
Krankheit, die	marizi	مریضی
Wettrüsten, das	musâbeqa taslahti	مسابقه تسلیحاتی
Strecke, die	musâfat	مسافت
Passagier, der	musâfer	مسافر
souverän adj.	mustaqell	مستقل
verspotten	maskhara kardan	مسخره کردن
spezifizieren / konkretisieren	moschakas kardan	مشخص کردن
Behandlung, die	mahlscha	معالجه
behandeln (medizinisch)	mahledscha kardan	معالجه کردن
verhandeln	mohâmâla kardan	معامله کردن
Arztpraxis, die	moâyena khâna	معاینه خانه
untersuchen	moâjena kardan	معاینه کردن
Magenschmerzen, die	mehda darad	معده درد
vorstellen (Person)	moarefi kardan	معرفی کردن
vorstellen	mâorefi kardan	معرفی کردن
Auskunft, die	mahloumat	معلومات
vergleichen	moqâisa kardan	مقایسه کردن
Menge, die	maqhdâr	مقدار
Bakterie, die	mokruhb	مکروب
Fliege, die	magas	مگس

Kelle, die	mâlaqa karâi	ملاقه کرائی
mild adj.	molâyem	ملایم
Heuschrecke, die	malakh	ملخ
Rettich, der	muli	ملی
verbieten	mana kardan	ممنوع کردن
Etage, die	manzel	منزل
Gebiet, das	mantaqa	منطقه
Geschäftsviertel, das	manteqa tedscharti	منطقه تجارتی
Waldgebiet, das	mantaqa dschangali	منطقه جنگلی
Naturschutzgebiet, das	mantaqa hafez manâba tahbi	منطقه حفظ منابع طبیعی
Katastrophengebiet, das	mantaqa fadscha	منطقه فاجعه
Landschaft, die Panorama, das	manzâra	منظره
ordnen	munazum kardan	منظم کردن
subtrahieren	manfi kardan	منفی کردن
Nebel, der	ghoubâr	غبار
Stempel, der	mor	مهر
Stewardess, die	mehmân dari hawâ paima	مهماندار هواپیما
Welle, die	maudsch	موج
föhnen	mui khuschk kardan	موخشک کردن
Ameise, die	mortscha	مورچه
Stiefel, der	moza	موزه
Damenstiefel, der	moza zanâna	موزه زنانه
Museum, das	musjam	موزیم
Maus, die	mousch	موش
Ratte, die	mosch sahrahi	موش صحرای
Bildschirm, der	mounietor	مونیتور

Perücke, die	mui-e sâkhtagi	موی ساختگی
Nagel, der	mekh	میخ
Flughafen, der	maidan hawâji	میدان هوائ
Schreibtisch, der	miz tarier	میز تحریر
Esstisch, der	miz ghezâ khori	میز غذاخوری
Couchtisch, der	miz tschâi khori	میزچای خوری
verwanzen	mekrafon rah makhfijana nasb kardan	میکروفن را مخفیانه نسب کردن
Gänseblümchen, das	mienai tschmani	مینای چمنی
Obst, das	miwa	میوه
Trockenfrucht, die	miwâ khuschk	میوه خشک
Verspätung, die	nâ waqt	نا وقت
späte Abend, der	nâwaqt schab	نا وقت شب
verschwenden	nâbud schodan	نابود شدن
zerstören	nâbud kardan	نابود کردن
Waldsterben, das	nâbod dschangal	نابودی جنگل
ignorieren	nâdieda greftan	نادیده گرفتن
Orange, die	narendsch	نارنج
orange adj.	nârendschi	نارنجی
Beobachter, der	nâzer	ناظر
internationale Beobachter, der	nâzer beinolmelâli	ناظر بین‌المللی
versagen	nâkam mandan	ناکام ماندن
Birne, die	nâk	ناگ
Kandidat, der	nāmzad	نامزد
Wahlkandidat, der	nāmzad entekhâbati	نامزد انتخاباتی
unpassend adj.	nâ menâseb / bi dschai	نامناسب / بی‌جا

Anmeldung, die	*nâm nausi*	نام‌نویسی
speisen	*gheza khordan / nân*	نان / غذا خوردن
Mittagessen, das	*nân-e tschâscht*	نان چاشت
Fladenbrot, das	*nân kâhsa*	نان خاصه
Abendessen, das	*nân-e schab*	نان شب
Bäcker, der	*nânwâ*	نانوا
Bäckerei, die	*nânwâji*	نانوایی
Pflanze, die	*nâbat*	نبات
Straßenkampf, der	*nabard khejabani*	نبرد خیابانی
ungekocht adj	*napokhta*	نپخته
retten	*nedschâd dâdan*	نجات دادن
Erbse, die	*nakhod*	نخود
Kichererbse, die	*nakhod zard*	نخود زرد
Krankenschwester, die	*nars*	نرس
weich adj.	*narm*	نرم
Software, die	*narm âfzrâr*	نرم‌افزار
verschreiben	*nokhsa dâdan*	نسخه دادن
Rezept, das	*noskha dauwâ*	نسخه دوا
Generation, die	*nasl*	نسل
symbolisieren	*neschâni kardan*	نشانی کردن
publizieren	*nascher dâdan*	نشر دادن
sitzen	*neschestan*	نشستن
Landung, die	*neschastan*	نشستن
Installation, die	*nasib*	نصب
Installieren, das	*nasib kardan*	نصب کردن
ein halb	*nefs*	نصف

فهرست لغات دری

elektronisch Überwachung, die	*nazarat elektronieki*	نظارت الکترونیکی
Rezension, die	*nazrât*	نظرات
Minze, die	*nânâ*	نعناع
hassen	*nefrat dâschtan*	نفرت داشتن
Atembeschwerden, die	*nafas tangi*	نفس تنگی
Silber, das	*noqra*	نقره
silber adj.	*noqraji*	نقره ای
Landkarte, die	*naqascha*	نقشه
Höhepunkt, der	*noqta âudsch*	نقطه اوج
Krawatte, die	*nektâji*	نکتایی
Wache, die	*mahfez / negahbân*	نگهبان / محافظ
beten	*namâz khandan*	نماز خواندن
repräsentieren	*nomâyendagi kardan*	نمایندگی کردن
Filz, der	*namd*	نمد
Notrufnummer, die	*nomra telfon adschl*	نمره تلفن عاجل
Salz, das	*namak*	نمک
salzig adj.	*namaki*	نمکی
neuntens	*nohom*	نهم
Wal, der	*nehang*	نهنگ
erneuern	*nau kardan*	نو کردن
Luftwaffe, die	*nehrau hawâi*	نیروی هوائی
Rohrzucker, der	*naischkar*	نیشکر
Nickel, der	*nikel*	نکل
Mittag, der	*nemruz*	نیمروز
Hälfte, die	*niem*	نیمه
Halbinsel, die	*niema dschazira*	نیمه جزیره

Mitternacht, die	*nemschab*	نیمه شب
dirigieren	*hedâjat kardan*	هدایت کردن
täglich adj.	*har ruz*	هر روز
jeden Tag	*har ruz*	هر روز
jede Nacht	*har schab*	هر شب
wöchentlich adj.	*har hafta*	هر هفته
Tausendfüßler, der	*hâzar pâi*	هزارپا
Jahrtausend, das	*hazâra*	هزاره
achtens	*haschtom*	هشتم
siebtens	*haftom*	هفتم
Woche, die	*hafta*	هفته
Hektar, der + das	*hektâr*	هکتار
mischen	*makhloud kardan*	مخلوط کردن
zur Zeit	*ham âknun*	هم‌اکنون
Solidarität, die	*hambastagi*	همبستگی
aufrechterhalten	*hemat kardan*	همت کردن
Hamster, der	*hamstar*	همستر
zusammenarbeiten	*hâm kâri kardan*	همکاری کردن
Alle Freunde	*hama dostân*	همه دوستان
glätten	*hamwâr kardan*	هموار کردن
Luft, die	*hawâ*	هوا
Wetter, das	*hawâ*	هوا
Klimazone, die	*hawâ auza*	هوا حوزه
Drohne, die	*hawâ paimâi bi sarneschien*	هواپیمای بی‌سرنشین
Ventilator, der	*hawâ khasch*	هواکش
Kardamom, der	*hel*	هیل

فهرست لغات دری

Kulturattaché, die	wâhbasta farhangi	وابسته فرهنگی
Militärattaché, die	wâhbasta nazâmi	وابسته نظامی
importieren	warid kardan	وارد کردن
einreisen	wared kheschwar schodan	وارد کشور شدن
geschehen	wâqeh schodan	واقع شدن
Impfstoff, der	wâksiehn	واکسین
Ersatzwagen, der	wâgon âzafi	واگن اضافی
wild adj.	wahschi	وحشی
Ankunft, die	warid	ورود
Gewicht, das	wazn	وزن
wehen	waziedan	وزیدن باد
Größe (Umfang), die	washat	وسعت
verführen	wasâs kardan	وسوسه کردن
Gemütszustand, der	wazjaht rui	وضعیت روحی
Sprechstunde, die	waqt molâqât	وقت ملاقات
Mahlzeit, die	waqt nân	وقت نان
editieren	waurâesch	ویرایش
redigieren	warâesch kardan	ویرایش کردن
Visum, das	wiezâ	ویزا
Souvenir, das	jadgâri	یادگاری
Saphir, der	yâqout kabot	یاقوت کبود
Eis, das	jakh	یخ
Frost, der	jakhbandân	یخبندان
Kühlschrank ,der	jakh tschâl	یخچال
Gletscher, der	yakhtschal tabijti	یخچال طبیعی
Jade, der+die	jeschem	یشم

ein Fünftel	*jak-e bar pandsch*	یک بر پنج
ein Viertel	*jak-e bar tschahâr*	یک بر چهار
ein Zehntel	*jak-e bar da*	یک بر ده
ein Drittel	*jak- e bar se*	یک بر سه
ein Sechstel	*jak-e bar schisch*	یک بر شش
ein Neuntel	*jak-e bar noh*	یک بر نه
ein Achtel	*jak-e bar hascht*	یک بر هشت
ein Siebtel	*jak-e bar haft*	یک بر هفت
Sonntag, der	*jak - schambe*	یکشنبه

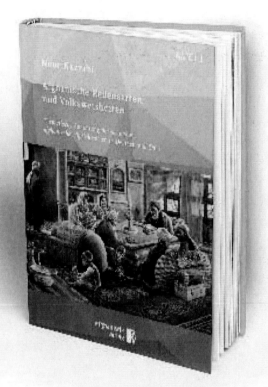

AFGHANISTIK VERLAG EMPFIEHLT

NOOR NAZRABI

**Afghanische Redewendungen
und Volksweisheiten, BAND 2**

Bebilderte und thematisierte Sammlung der schönsten
afghanischen Redensarten und Volksweisheiten
in Deutsch und Dari
Ein Nachschlagwerk und Handbuch

220 S. S/W Abbild. 30 S.
Deutsch/Dari

Einband: Softcover
ISBN **978-3-945348-01-7**

Weitere Informationen und Leseproben auf www.afghanistikverlag.de

AFGHANISTIK VERLAG EMPFIEHLT

**MUSKA HAQIQAT
UND NOOR NAZRABI**

Thematischer Grundwortschatz
Deutsch-Afghanisch/Paschtu, BAND

2000 Wörter zu über 100 Themen, Kompakt, systematisch und übersichtlich, mit Paschtu und deutschem Register.

220 S.
Deutsch/ Afghanisch-Paschtu

Einband: Softcover
ISBN **978-3-94-534805-5**

Weitere Informationen und Leseproben auf www.afghanistikverlag.de

17,60

0 68120 67868